新版 信州の山

ほぼ全山掲載！中部 上巻

松本市・安曇野市・生坂村・筑北村
麻績村・青木村・上田市

誰でも知っている里山から
マイナーな里山そしてアルプスまで網羅！

初心者からベテランまで役立つ、アプローチから山頂までのイラスト登山地図

217山

宮坂七郎

西岳から槍ヶ岳

キヌガサソウ

奥又白池

チャオから乗鞍岳

槍・小槍・孫槍

青木村法善寺
みかえりの塔

信毎書籍出版センター

霧隠峰西峰から北アルプスを望む

はじめに

　2013年に『信州の山 中信・南信221山』と『信州の山 北信・東信209山』を出版しましたが、思いの外好評で驚きました。購入いただいた方々には、感謝いたします。

　2冊の本の情報も古くなったり、掲載できなかった山・ルートなどがあったりで、新たに長野県を3分割（北部・中部・南部）にし、『新版 信州の山』として出版することにしました。今回は南部編に続いて2作目の中部編です。実際に登って掲載できる山数は、398山にもなり、とても1冊に納めることができず、上・下巻の2冊に分けました。

　この本のコンセプトは2つあり、登山可能なすべての山を掲載すること、そして信州の山の資料として後世に残すことです。

　地理院地図に明記されている山、またその地域の人だけが知っていて、一般的にはなじみのない山も、ほぼ全山掲載してあります。この本を参考資料として、後世の人達が登山を楽しむのはもちろん、健康増進・病気予防の一助として、憩いの遊歩道を整備したり、新たに道を創ったりして、地域の活性化に活用していただければ本望です。

　ピークハンターが行く山はリスクが高い（一番は道迷い）ところもあります。

　本に書いてあったからではなく、あくまでご自身の目と勘で判断し行動していただき、この本は参考資料として自己責任で登山をして下さい。

　筆者が歩いていない山やルートは掲載しておりません。

　実際に歩いたわけですから問題は無いと思いますが、責任は負いかねます。

　筆者も年を重ね、齢72を数えます。体力も衰えてきて、特に下りは足腰に負担がかかり、かなり厳しい現状です。また絵地図を描くのも、拡大鏡を使いながらの根気のいる作業です。そんな時励みになるのが電話・手紙等での「次の出版はいつ頃になりますか」というフレーズです。例え一人でも待っていてくれる人がいると思うと元気が出ます。

　来年、北部編を出版してこのシリーズを完結させる予定です。老体にムチ打ってすべての山に実際に登って、絵地図を完成させたいと思っています。期待して下さい。

この本の見方

一覧表

- ●**山番号**…長野県を3分し中部を更に上巻と下巻に分け、上巻は1～217番まで、通し番号をつけました。
- ●**山岳名**…国土地理院の2万5千分の1の地形図を優先しました。
- ●**読み方**…国土地理院のデーターを優先しました。
- ●**標　高**…国土地理院地図の表示に対して、原則小数点以下切捨ててありますが、0.9の場合は切り上げて有ります。数値の誤差は概ね1M以内です。
- ●**登山口アプローチ等周辺の見どころ**…山頂の展望以外に、登山口までのアプローチや登山道等の面白いところ（公園・文化財・伝説・花の群生・池・滝・名勝・歴史等）をワンポイントで記載、コースが複数ある場合は原則往復時間の最短コースを記載しています。
- ●**難　度**…難易度のこと：主観的ですから参考程度に見てください。最高点を5点として、コースが複数ある場合は往復時間の最短コースで体力度・危険度（岩場・鎖場・道迷い・やぶこぎ）・技術度（ルートファインディング・特別装備要）等を総合してつけてあります。コースによって難易度は違ってきます。
- ●**所在地**…山頂の所在地で、かかわる市町村について記載してあります。
- ●**山頂展望**…山頂の展望が360度絶景である場合は、◎で表してあります。以下
  - ○：山頂の展望が90度以上ある場合
  - △：山頂の展望が少しでもある場合
  - －：山頂の展望が全くない場合
- ●**途中展望**…山頂の展望は無くても登山口から山頂までの間の展望状況を、上記の山頂展望と同様の記号で表して有ります。展望状況も樹木の成長など経年変化します。
- ●**往復時間**…マイカー・ゴンドラ・スキーリフト・バス等を利用。コースにより徒歩での往復時間は違ってきますが、たいていは最短コースの時間を記載して有ります。休憩時間は含まれません。あくまで参考時間です。

まれに往復時間ではなく、周遊時間を表示の上で記載して有る場合があります。

往復時間の0とは、山頂までマイカー等交通インフラを利用し、行ける意味です。

- ● 絵地図の情報は2018年5月現在のものです。経年などの理由により、変更されることがあります。
  例えば、マイカーが通れた林道が侵入禁止になったり、登山口の標識が朽ちはてて無くなったり、道があったはずが藪になり、通れなくなったりすることがあります。またその逆もあります。登山道が開いたり、林道がマイカーで入れたり、藪刈りをして道ができたり等々。
  情報の変化による事故等は責任を負いません。事前に十分な確認が必要です。
- ● 情報は雪のない時期を前提としています。

信州の山　中部 上巻217山　一覧表

◎ 山頂の展望が360度の山

山番号	山岳名	読み方	標高(m)	山頂展望	途中展望	登山口アプローチ等周辺の見どころ	難度	所在地	往復時間
1	乗鞍岳	のりくらだけ	3025	◎	○	山岳全ての満足感	2	松本市・高山市	2:30
2	末川尾	すえかわお	1635	○	○	アプローチが良い	2	松本市	2:20
3	天ヶ峰	てんがみね	1813	－	－	やぶこぎ	4	松本市	4:00
4	横道	よこみち	1748	△	△	やぶこぎ	4	松本市	3:10
5	松本市の風吹山	かざふきやま	1960	△	△	やぶこぎ	4	松本市	5:20
6	入山	にゅうやま	1478	○	○	歴史有るアプローチ	3	松本市	1:00
7	タカ見の広場	たかみのひろば	1707	○	○	渡り鳥の池	1	松本市	0:25
8	寒沢	さむさわ	1810	－	－	やぶこぎ	2	松本市	1:50
9	五六峰	ごろくほう	2173	－	○	強烈なやぶこぎ	5	松本市	9:40
10	松本市の祠峠	ほこらとうげ	1341	－	－	歴史有る街道	2	松本市	1:30
11	保倉山	ほくらやま	1570	△	○	昔集落があった	3	松本市	2:50
12	松本市の見晴峠	みはらしとうげ	1887	○	○	歴史有る街道峠	1	松本市	1:30
13	鈴蘭峰	すずらんほう	2015	○	○	少しやぶこぎ	3	松本市	3:20
14	松本市の檜峠	ひのきとうげ	1339	－	－	歴史有る街道峠	1	松本市	0:00
15	松本市の檜峠山	ひのきとうげやま	1479	－	○	少しやぶこぎ	2	松本市	1:00
16	湯川渡山	ゆがわどやま	1463	－	－	霞沢発電所水槽	3	松本市	2:30
17	池尻山	いけじりやま	1185	－	－	いざ鎌倉街道筋	3	松本市	1:50
18	乗鞍の硫黄岳	いおうだけ	2554	◎	○	平な道で楽々	1	松本市・高山市	2:20
19	金山岩	きんざんいわ	2532	◎	○	岩場	3	松本市・高山市	5:10
20	松本市の十石山	じゅっこくやま	2525	○	○	白骨温泉から登る	3	松本市・高山市	6:25
21	安房山	あぼうやま	2219	○	○	やぶこぎ	3	松本市・高山市	3:10
22	霞沢岳	かすみざわだけ	2645	◎	◎	山岳遺産徳本峠	4	松本市	11:40
23	六百山	ろっぴゃくざん	2450	◎	○	要　ルート選択力	4	松本市	4:40
24	ひょうたん池	ひょうたんいけ	2280	○	○	要　ルート選択力	4	松本市	6:00
25	奥又白池	おくまたしろいけ	2470	○	○	要　ルート選択力	4	松本市	8:00
26	明神岳	みょうじんだけ	2931	◎	○	2～5峰まで	4	松本市	11:00
27	前穂高岳	まえほたかだけ	3090	◎	○	上高地岳沢小屋から	3	松本市	10:20
28	屏風の頭	びょうぶのあたま	2565	◎	○	徳沢パノラマコース	4	松本市	10:30
29	焼岳	やけだけ	2455	◎	○	活火山…注意	2	松本市・高山市	5:20
30	西穂高岳	にしほたかだけ	2908	◎	○	ロープウェイ利用	3	松本市・高山市	7:30
31	間ノ岳	あいのだけ	2907	◎	○	天狗沢から	5	松本市・高山市	9:30
32	奥穂高岳	おくほたかだけ	3190	◎	○	涸沢から	4	松本市・高山市	16:40
33	涸沢岳	からさわだけ	3110	◎	○	涸沢から	4	松本市・高山市	16:20
34	北穂高岳	きたほたかだけ	3106	◎	○	涸沢から天空の小屋	4	松本市	16:00
35	南岳	みなみだけ	3032	◎	○	天狗原から	3	松本市	16:10
36	北アルプス中岳	なかだけ	3084	◎	○	大喰岳から縦走	3	松本市・高山市	18:30
37	大喰岳	おおばみだけ	3101	◎	○	槍岳から縦走	3	松本市・高山市	17:30
38	槍ヶ岳	やりがだけ	3180	◎	○	横尾～槍沢から	4	松本市・大町市	17:10
39	樅沢岳	もみさわだけ	2755	○	○	新穂高双方面から	3	大町市・高山市	14:20
40	赤沢山	あかざわやま	2670	◎	○	横尾～槍沢から	4	松本市	18:10
41	北アルプス西岳	にしだけ	2758	◎	○	横尾～槍沢から	4	松本市・大町市	16:40
42	赤岩岳	あかいわだけ	2768	○	○	横尾～槍沢から	4	松本市・大町市	17:30
43	大天井岳	おてんしょうだけ	2922	◎	○	燕岳～縦走	3	松本市・大町市・安曇野市	12:20

❼より掲載

ヒマラヤトラノオ

本書の特徴

里山からアルプスまで
信州の無雪期登山可能な山、ほぼ全山網羅！

★行ってみて、山に登ってみて、はじめて気がつく不安、注意点等、著者が自らの足と目でチェックし、絵地図に詳細記載！

★ビギナーからベテランまで、ハイカーの実践に役立つ情報が満載の本書は、安全で楽しい山登りをするための事前計画に活用いただける実用書です！

★複数コース又はルートのある山は、できる限り絵地図にして有ります。

絵地図

山番号の前に有る記号の説明

：登山口標識や登山道が明瞭で、家族や子供も安心して登れる山。コースと表現

：登山口標識や登山道が有り、普通の登山ができる山。コースと表現

：登山口標識や登山道は無く（あっても踏跡程度）、ルートファインディングやヤブコギ、マーキングをしないと山頂往復ができない山。…ルートと表現し、ピークハンター向きの山です。

● 登山口標識や登山道が有り、普通の登山ができる山。
● 一覧表にある山番号

44 常念岳 じょうねんだけ／2857m／往復10時間5分
45 蝶ヶ岳 ちょうがたけ／2677m／往復8時間20分
以上は、松本市と安曇野市の境の山

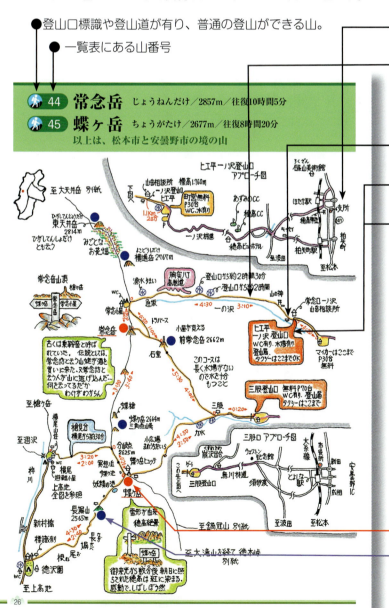

● 山岳名・読み方・標高…前述した通り、一覧表と同じですが、地元の人の読み名、別名は別途記述してあります。

● 往復時間…コースが複数の場合は、そのページの絵地図に於ける徒歩でのたいていは最短コースの時間を記載してありますが、時間は参考程度に見てください（休息時間は含まれません）。往復時間0とは山頂までマイカー等交通インフラを利用して行ける意味です。勿論ハイキングコースがある場合は地図にしてあります。

● アクセス…最寄りの高速道路IC・JR駅を表記してあります。

● 登山コース…縦走可能なコースは実線で表わしています。

● コースとルート…全く同じ意味ですが、イメージが違うので使い分けをしてあります。

● 登山口…標識や目印が有るか等、状況を明記しています。

● トイレ…登山口の周辺にあるかないか、状況をWCで表わしてあります。

● 駐車場…登山口又は周辺に公的駐車場（有料の場合は明記）又は路肩スペースがあるかないか、およその台数等Pで表わしてあります。

● 絵地図の車道や登山道の曲がり具合、方向、寸法は正確なものではありません。

● 絵地図の上のコースタイムは参考程度にして下さい。（休憩時間は含まれません）。

● 面白い山はできるだけ複数コースを紹介してあります。一山で何度も楽しむためです。

● テント場… 🅰 指定されている場所
　　　　　　 🅰 非常時はテントが張れる可能な場所（普段はテント禁止です）
　テント場＝テン場の両方表現してある場合があります。

● バリルート＝バリエーションルート

● はそのページの山の山頂

● はそのページの山の山頂ではありませんが、別紙絵地図が有る山頂又はそのページにおいて重要な目安地点です。

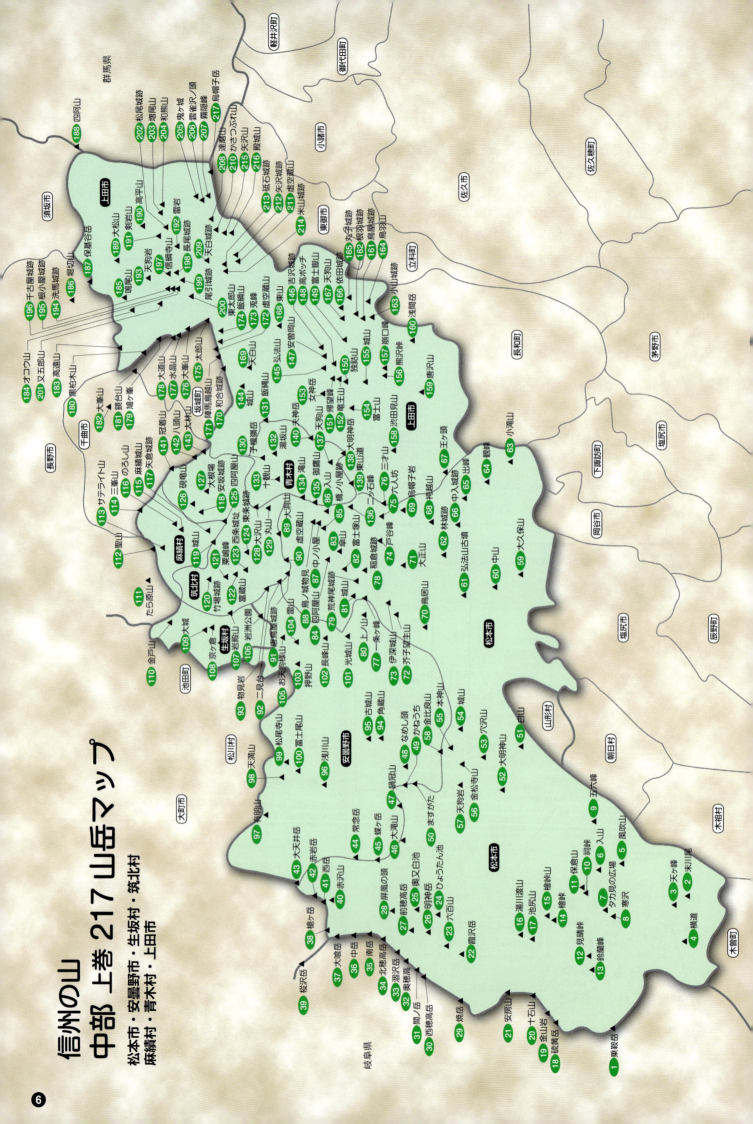

信州の山 中部 上巻 217山 一覧表

◎ 山頂の展望が360度の山

山番号	山岳名	読み方	標高(m)	山頂展望	途中展望	登山口アプローチ等周辺の見どころ	難度	所在地	往復時間
1	乗鞍岳	のりくらだけ	3025	◎	◎	山岳全ての満足感	2	松本市・高山市	2:30
2	末川尾	すえかわお	1635	○	○	アプローチが良い	2	松本市	2:20
3	天ヶ峰	てんがみね	1813	—	—	やぶこぎ	4	松本市	4:00
4	横道	よこみち	1748	△	△	やぶこぎ	4	松本市	3:10
5	松本市の風吹山	かざふきやま	1960	△	△	やぶこぎ	4	松本市	5:20
6	入山	にゅうやま	1478	○	○	歴史有るアプローチ	3	松本市	1:00
7	夕カ見の広場	たかみのひろば	1707	○	○	渡り鳥の池	1	松本市	0:25
8	寒沢	さむさわ	1810	—	—	やぶこぎ	2	松本市	1:50
9	五六峰	ごろくほう	2173	—	○	強烈なやぶこぎ	5	松本市	9:40
10	松本市の祠峠	ほこらとうげ	1341	—	—	歴史有る街道	2	松本市	1:30
11	保倉山	ほくらやま	1570	△	—	昔集落があった	3	松本市	2:50
12	松本市の見晴峠	みはらしとうげ	1887	—	○	歴史有る街道峠	1	松本市	1:30
13	鈴蘭峰	すずらんほう	2015	○	○	少しやぶこぎ	3	松本市	3:20
14	松本市の檜峠	ひのきとうげ	1339	—	○	歴史有る街道峠	1	松本市	0:00
15	松本市の檜峠山	ひのきとうげやま	1479	○	○	少しやぶこぎ	2	松本市	1:00
16	湯川渡山	ゆがわどやま	1463	○	—	霞沢発電所水槽	3	松本市	2:30
17	池尻山	いけじりやま	1185	○	—	いざ鎌倉街道筋	2	松本市	1:20
18	乗鞍の硫黄岳	いおうだけ	2554	○	○	平な道で楽々	1	松本市・高山市	2:20
19	金山岩	きんざんいわ	2532	◎	○	岩場	3	松本市・高山市	5:10
20	松本市の十石山	じゅっこくやま	2525	○	○	白骨温泉から登る	3	松本市・高山市	6:25
21	安房山	あぼうやま	2219	○	○	やぶこぎ	3	松本市・高山市	3:10
22	霞沢岳	かすみざわだけ	2645	○	◎	山岳遺産徳本峠	4	松本市	11:40
23	六百山	ろっぴゃくざん	2450	◎	○	要 ルート選択力	4	松本市	4:40
24	ひょうたん池	ひょうたんいけ	2280	○	○	要 ルート選択力	3	松本市	6:00
25	奥又白池	おくまたしろいけ	2470	○	○	要 ルート選択力	4	松本市	8:00
26	明神岳	みょうじんだけ	2931	◎	○	2～5峰まで	4	松本市	11:00
27	前穂高岳	まえほたかだけ	3090	◎	○	上高地岳沢小屋から	3	松本市	10:20
28	屏風の頭	びょうぶのあたま	2565	○	○	徳沢パノラマコース	4	松本市	10:30
29	焼岳	やけだけ	2455	◎	○	活火山…注意	2	松本市・高山市	5:20
30	西穂高岳	にしほたかだけ	2908	◎	○	ロープウェイ利用	3	松本市・高山市	7:30
31	間ノ岳	あいのだけ	2907	◎	○	天狗沢から	5	松本市・高山市	9:30
32	奥穂高岳	おくほたかだけ	3190	◎	○	涸沢から	4	松本市・高山市	16:40
33	涸沢岳	からさわだけ	3110	◎	◎	涸沢から	4	松本市・高山市	16:20
34	北穂高岳	きたほたかだけ	3106	◎	○	涸沢から天空の小屋	4	松本市・高山市	16:00
35	南岳	みなみだけ	3032	◎	○	天狗原から	3	松本市・高山市	16:10
36	北アルプス中岳	なかだけ	3084	◎	◎	大喰岳から縦走	3	松本市・高山市	18:30
37	大喰岳	おおばみだけ	3101	◎	○	槍沢から縦走	3	松本市・高山市	17:30
38	槍ヶ岳	やりがたけ	3180	◎	○	横尾～槍沢から	4	松本市・大町市	17:10
39	樅沢岳	もみさわだけ	2755	○	○	新穂高双六方面から	3	大町市・高山市	14:20
40	赤沢山	あかざわやま	2670	◎	◎	横尾～槍沢から	4	松本市	18:10
41	北アルプス西岳	にしだけ	2758	◎	○	横尾～槍沢から	3	松本市・大町市	16:40
42	赤岩岳	あかいわだけ	2768	○	○	横尾～槍沢から	4	松本市・大町市	17:30
43	大天井岳	おてんしょうだけ	2922	◎	○	燕岳～縦走	3	松本市・大町市・安曇野市	12:20

信州の山　中部 上巻 217山　一覧表

◎　山頂の展望が360度の山

山番号	山岳名	読み方	標高(m)	山頂展望	途中展望	登山口アプローチ等周辺の見どころ	難度	所在地	往復時間
44	常念岳	じょうねんだけ	2857	◎	○	ヒエ平ーノ沢から	3	松本市・安曇野市	10:05
45	蝶ヶ岳	ちょうがたけ	2677	◎	○	三股登山口から	3	松本市・安曇野市	8:20
46	大滝山	おおたきやま	2616	○	△	鍋冠山から縦走	3	松本市	11:00
47	鍋冠山	なべかんむりやま	2194	△	△	三郷スカイライン～	2	松本市・安曇野市	4:40
48	なめし頭	なめしあたま	1725	○	○	三郷スカイライン～	2	安曇野市	1:40
49	かねうち	かねうち	1887	－	○	なめし頭から縦走	3	松本市・安曇野市	4:00
50	ますがた	ますがた	1942	△	○	かねうちから縦走	3	松本市・安曇野市	5:20
51	松本市の白山	はくさん	1387	△	－	若澤寺跡見学	2	松本市	2:20
52	大明神山	だいみょうじんやま	1642	－	△	少しやぶこぎ	3	松本市	6:20
53	穴沢山	あなざわやま	1290	－	○	鉄塔を巡る	2	松本市	2:20
54	信濃城山	じょうやま	946	－	－	重要文化財の寺多数	2	松本市	1:00
55	本神山	ほんかみやま	1283	－	△	鉄塔巡り	2	松本市	2:00
56	金松寺山	きんしょうじやま	1625	－	－	登山道明瞭	1	松本市	3:50
57	松本市の天狗岩	てんぐいわ	1964	○	－	登山道明瞭	2	松本市	5:45
58	金比良山	こんぴらさん	1156	－	－	ステンレスの祠	3	松本市・安曇野市	3:00
59	大久保山	おおくぼやま	836	△	△	山らしくは無い	1	松本市	0:05
60	中山	なかやま	836	－	○	霊園の高み	1	松本市	0:10
61	弘法山古墳	こうぼうやまこふん	650	○	－	さくらの名所	1	松本市	0:15
62	林城跡	はやしじょうせき	846	－	○	小笠原氏の城跡	1	松本市	1:10
63	小滝山	こたきやま	1661	△	－	美ヶ原高原の一角	2	松本市	1:25
64	観峰	かんぽう	1423	－	－	桧の湯　良い温泉	2	松本市	0:50
65	出峰	いでみね	1487	－	－	林道自動車で山頂	1	松本市	0:00
66	中入城跡	なかいりじょうせき	1056	△	－	まずまずの城郭	1	松本市	0:35
67	美ヶ原高原王ヶ頭	おうがとう	2034	○	○	美ヶ原高原の一角	2	松本市・上田市	0:50
68	松本市の袴越山	はかまごしやま	1753	－	－	レンゲツツジ見事	1	松本市	0:40
69	烏帽子岩	えぼしいわ	1621	○	－	美岩、林道状態が鍵	2	松本市	0:25
70	鳥居山	とりいやま	743	－	○	山頂はアンテナ群	1	松本市	0:20
71	大正山	たいしょうやま	1060	－	○	浅間温泉の遊歩道有	1	松本市	0:30
72	芥子望主山	けしぼうずやま	891	○	－	遊歩道荒れ放題	1	松本市	0:05
73	伊深城山	いぶかじょうやま	916	△	○	登山道明瞭	1	松本市	0:40
74	戸谷峰	とやみね	1629	○	○	鉄塔を巡る	1	松本市	2:40
75	六人坊	ろくにんぼう	1618	△	－	三才山峠まで車？	2	松本市	1:00
76	三才山	みさやま	1605	△	－	三才山峠まで車？	1	松本市・上田市	0:30
77	一条ヶ峰	いちじょうがみね	821	△	○	林道歩き	1	松本市・安曇野市	1:05
78	稲倉城跡	しなぐらじょうせき	1000	－	－	三の郭は見応え有	1	松本市	0:35
79	荒神尾城跡	あらかみおじょうせき	995	○	－	学校登山コース	1	松本市	0:40
80	安曇野市の上ノ山	うえのやま	841	△	－	山の感じはない	1	安曇野市	0:10
81	松本市刈谷原の城山	じょうやま	896	△	－	城郭は小さい	1	松本市	0:30
82	富士塚山	ふじつかやま	931	○	－	茸山時期厳しい管理	1	松本市	1:05
83	松本市の傘山	からかさやま	1125	－	△	林道自動車走行次第	2	松本市	0:25
84	松本市の四阿屋山	あずまやさん	980	－	－	峯山林道から	2	松本市	0:30
85	橋ノ小屋跡	はしのこやあと	1145	－	－	城跡　荒れ放題	1	松本市	0:50
86	入山	いりやま	1626	－	－	保福寺峠のコース有	3	松本市	0:50
87	中ノ小屋	なかのこや	1070	－	－	鉄塔を巡る	2	松本市	0:40

信州の山 中部 上巻 217山 一覧表

◎ 山頂の展望が360度の山

山番号	山岳名	読み方	標高(m)	山頂展望	途中展望	登山口アプローチ等周辺の見どころ	難度	所在地	往復時間
88	鳥ノ城物見	とりのしろものみ	1327	—	△	林道自動車走行次第	3	松本市	1:00
89	松本市の大洞山	おおほらさん	1316	—	△	槙寄ルート	3	松本市・筑北村	1:55
90	松本市の虚空蔵山	こくぞうさん	1139	△	○	3コース有	3	松本市・筑北村	1:20
91	唐鳥屋城跡	からとやじょうせき	1079	○	△	城郭が小さい	1	松本市・筑北村	0:35
92	二見台	ふたみだい	921	○	○	立峠から	3	松本市・筑北村	2:25
93	物見岩	ものみいわ	879	○	—	物見にしては展望無	2	安曇野市・筑北村	0:50
94	角蔵山	かくぞうやま	1163	△	—	三郷スカイライン～	2	安曇野市	1:10
95	古城山	こじょうやま	953	△	○	茸時期は入山しない	2	安曇野市	1:10
96	浅川山	あさかわやま	1742	△	—	林道自動車走行次第	2	安曇野市	0:30
97	有明山	ありあけやま	2268	○	△	裏参道コース	4	安曇野市	7:00
98	仮称天満山	てんまんやま	1052	—	△	茸時期は入山しない	3	安曇野市	6:30
99	仮称松尾寺山	まつおじやま	864	—	△	茸時期は入山しない	2	安曇野市	1:40
100	富士尾山	ふじおさん	1296	△	○	北の沢コース	2	安曇野市	2:50
101	光城山	ひかるじょうやま	911	○	—	山頂近くまで車	1	安曇野市	0:15
102	長峰山	ながみねやま	933	○	△	山頂近くまで車	1	安曇野市	0:10
103	押野山	おしのやま	695	○	—	山頂までマイカー	1	安曇野市	0
104	雷山	かんだちやま	731	—	—	開墾跡有	3	安曇野市	1:00
105	お天狗様山	おてんごさまやま	859	—	△	林道上部に廃集落有	2	安曇野市	0:40
106	岩洲公園	いわすこうえん	906	○	○	美岩と城跡	1	安曇野市・生坂村	1:05
107	筑北村の岩殿山	いわどのさん	1007	△	○	奥の院見所多数	3	筑北村・生坂村	3:00
108	京ヶ倉	きょうがくら	990	○	○	生坂小からのコース	1	生坂村	1:30
109	大城	おおじょう	980	△	○	はぎの尾峠方面～	1	生坂村	1:40
110	金戸山	かなとこやま	766	—	△	犀川周辺は美しい	2	生坂村	2:00
111	たら原山	たららやま	1392	—	—	山頂までマイカー	1	長野市	0
112	聖山	ひじりやま	1447	○	○	別荘コース	1	麻績村・長野市	0:45
113	サテライト山	さてらいとやま	1110	△	—	福満寺コース	1	麻績村	1:10
114	麻績村の三峯山	みつみねさん	1131	◎	○	周辺の施設が良い	1	麻績村・千曲市	0:45
115	麻績城山	おみじょうやま	943	—	○	西沢ダム方面から	1	麻績村	1:00
116	のろし山	のろしやま	1022	△	△	西沢ダム方面から	2	麻績村	1:30
117	矢倉城跡	やぐらじょうせき	728	—	○	高速道路の脇に有る	1	麻績村	0:25
118	安坂城跡	あざかじょうせき	851	△	—	茸時期は入山しない	1	筑北村	0:50
119	筑北村の城山	しろやま	905	○	○	山頂までマイカー	1	麻績村・筑北村	0:20
120	竹場城跡	たけばじょうせき	745	—	△	城郭小さい	2	筑北村	0:55
121	粟嶋峰	あわしまほう	720	—	○	美岩群	1	筑北村	0:30
122	富蔵山	とくらさん	745	○	○	美岩群見応え有り	2	筑北村	0:50
123	西条城址	にしじょうじょうし	790	○	—	明瞭道登山口多数	1	筑北村	0:30
124	東条城跡	ひがしじょうじょうせき	755	—	○	遊歩道整備	1	筑北村	0:40
125	筑北村の四阿屋山	あずまやさん	1387	△	○	登山口5箇所有	1	筑北村	1:10
126	硯竜山	すずりゅうやま	918	—	○	登山口明瞭	2	筑北村	1:00
127	大根場	おおこんば	1084	○	○	硯竜山から縦走	2	筑北村	3:10
128	筑北村の大沢山	おおさわやま	1440	△	○	空峠から	3	筑北村・青木村	1:20
129	筑北村の丸山	まるやま	1201	—	—	道は無い	3	筑北村	0:30
130	子檀嶺岳	こまゆみだけ	1223	◎	○	田沢嶺浦コース	2	青木村	1:35
131	青木村の飯縄山	いいずなさん	932	—	△	大法寺三重塔見学	3	青木村・上田市	1:30

信州の山 中部 上巻 217 山 一覧表

 ◎ 山頂の展望が360度の山

山番号	山岳名	読み方	標高(m)	山頂展望	途中展望	登山口アプローチ等周辺の見どころ	難度	所在地	往復時間
132	湯坂山	ゆさかやま	812	△	—	山城跡 説明無	3	青木村	1:00
133	十観山	じゅっかんざん	1284	○	—	気持ち良い里山	1	青木村	1:00
134	滝山	たきやま	1568	—	○	十観山から縦走	2	松本市・青木村	3:30
135	御鷹山	おたかやま	1623	—	○	滝山から縦走	3	松本市・青木村	5:00
136	二ッ石峰	ふたついしみね	1563	—	—	保福寺峠から	1	松本市	1:45
137	青木村の天狗山	てんぐやま	1122	—	—	茸時期は入山しない	2	青木村	0:35
138	青木村の大明神岳	だいみょうじんだけ	1232	—	△	明瞭道	2	上田市・青木村	1:00
139	上田市の東山道	とうさんどう	1000	—	—	遊歩道	2	上田市	3:10
140	夫神岳	おかみだけ	1250	△	△	青木村〜コース	2	上田市・青木村	2:15
141	冠着山	かむりきやま	1252	○	○	鳥居平コース	1	千曲市・筑北村	1:00
142	八頭山	はっとうさん	1204	—	—	37号カーブから	2	千曲市・筑北村	1:40
143	大林山	おおばやしやま	1333	○	△	氷沢川コースが最短コース	2	上田市・千曲市・筑北村	2:05
144	上田市の城山	しろやま	933	△	○	千曲公園側から	2	上田市	1:40
145	弘法山	こうぼうやま	842	△	○	岩窟と仏像多数	3	上田市	1:00
146	吉沢城跡	よしざわじょうせき	781	○	—	尾根コース	1	上田市	0:40
147	安曽岡山	あそおかやま	1090	—	○	吉沢城跡から縦走	3	上田市	2:30
148	上田市の高ボッチ	たかぼっち	1104	—	○	安曽岡山から縦走	3	上田市	3:20
149	富士嶽山	ふじたけさん	1034	△	○	多重塔見応え有	3	上田市	2:40
150	独鈷山	とっこさん	1266	◎	○	4コース有、平井寺	3	上田市	2:30
151	独鈷山帰望峰	きぼうほう	950	◎	◎	岩場の連続	4	上田市	2:25
152	独鈷山竜王山	りゅうおうさん	984	—	—	危険箇所無	2	上田市	1:40
153	女神岳	めがみだけ	927	—	—	急坂と石段、城跡	1	上田市	1:10
154	富士山	ふじやま	1029	△	—	梅ノ木峠〜が面白い	2	上田市	1:50
155	霊泉寺城山	じょうやま	750	○	○	霊泉寺温泉から	1	上田市	0:25
156	熊沢峠	くまざわとうげ	1113	—	—	昔は街道であった	3	上田市	1:30
157	崩口峰	くずれぐちみね	1138	—	—	茸山で時期限定	3	上田市	1:40
158	渋田見山	しぶたみやま	1554	—	—	林道自動車走行次第	3	上田市	1:50
159	上田市の唐沢山	からさわやま	1212	△	△	山頂標識が有る！	3	上田市	2:15
160	浅間岳	せんげんだけ	993	—	—	登山口は花桃街道	2	上田市	1:30
161	鳥屋城跡	とやじょうせき	850	△	△	登山口7箇所有	2	上田市	0:55
162	根羽城跡	ねばじょうせき	695	△	△	小さい城郭	1	上田市	0:30
163	小山城跡	こやまじょうせき	676	—	○	沖公民館から	1	上田市	0:25
164	鳥羽山	とばやま	844	△	○	山頂は城跡	3	上田市	1:20
165	丸子城跡	まるこじょうせき	684	○	◎	歴史有る山明瞭道	1	上田市	0:40
166	依田城跡	よだじょうせき	804	◎	△	木曾義仲挙兵の地	1	上田市	0:55
167	上田市の天狗山	てんぐやま	993	△	◎	依田城跡から縦走	3	上田市	2:10
168	上田市の東山	ひがしやま	694	△	○	遊歩道周遊	2	上田市	3:00
169	天白山	てんぱくさん	646	○	○	村上軍の本陣山	1	上田市	0:40
170	和合城跡	わごうじょうせき	654	○	—	上田盆地一望	1	上田市・坂城町	1:10
171	陣馬鳥越山	じんばとりごえやま	924	◎	—	山頂直下まで自動車	1	上田市・坂城町	0:35
172	上田市の虚空蔵山	こくぞうざん	1077	◎	○	座摩神社から	3	上田市・坂城町	2:40
173	兎峰	うさぎみね	950	○	○	座摩神社から	3	上田市	1:50
174	上田市の飯綱山	いいづなやま	757	△	—	豊秋霧原埜神社から	3	上田市	1:05
175	上田市の太郎山	たろうやま	1164	◎	○	裏参道から	1	上田市・坂城町	2:00

信州の山 中部 上巻 217山 一覧表

◎ 山頂の展望が360度の山

山番号	山岳名	読み方	標高(m)	山頂展望	途中展望	登山口アプローチ等周辺の見どころ	難度	所在地	往復時間
176	坂城町の大峯山	おおみねやま	1327	◎	○	大久保林道から	2	上田市・坂城町	2:30
177	水晶山	すいしょうやま	1276	—	△	芝峠から	2	上田市・坂城町	3:00
178	大道山	だいどうざん	1289	△	△	鳩ヶ峯から縦走	3	上田市・坂城町	3:40
179	坂城町の鳩ヶ峯	はとがみね	1319	△	—	やぶこぎ	3	上田市・坂城町	2:20
180	黒柏木山	くろかしゃぎやま	1199	—	—	和平峠から	1	上田市・坂城町	0:50
181	鏡台山	きょうだいさん	1269	○	○	笹平峠から 富士山が見える	2	千曲市・上田市・坂城町	1:20
182	千曲市の大峯山	おおみねざん	841	—	—	山頂に一番楽コース	1	千曲市	0:40
183	上田市の高遠山	たかとうやま	1221	—	△	やぶこぎ	3	上田市・長野市	1:25
184	オコウ山	おこうやま	1379	—	△	やぶこぎ	3	上田市	2:40
185	仮称鳴尾山	なるおやま	1459	—	○	やぶこぎ	3	上田市	3:05
186	堀切山	ほりきりやま	1157	—	—	保基谷岳の林道先	3	長野市	2:10
187	保基谷岳	ほきやだけ	1529	△	—	山頂は賑やか	1	上田市・長野市	0:50
188	四阿山	あずまやさん	2354	◎	○	上田市側のコース 北部版に記載	3	上田市・須坂市・嬬恋村	4:20
189	大松山	おおまつやま	1648	○	○	スキー場の高点	1	上田市	2:30
190	高平山	たかひらさん	1464	—	—	道は無し	3	上田市	1:45
191	剣岩山	けんがんやま	1290	○	○	冒険には適当な山	1	上田市	4:30
192	上田市の雷岩	かみなりいわ	900	○	—	雷岩まで明瞭道	2	上田市	0:35
193	上田市の天狗岩	てんぐいわ	1125	○	○	傍陽公園から	3	上田市	1:35
194	洗馬城跡	せばじょうせき	800	○	—	明瞭道	1	上田市	0:30
195	根小屋城跡	ねごやじょうせき	770	△	○	明瞭道	1	上田市	0:25
196	千古屋城跡	せんごやじょうせき	765	○	○	明瞭道	1	上田市	0:15
197	信鋼寺山	しんこうじさん	1010	△	△	長尾城跡から縦走	3	上田市	2:05
198	長尾城跡	ながおじょうせき	940	—	△	尾引城跡から縦走	3	上田市	1:05
199	尾引城跡	おびきじょうせき	760	△	△	明瞭道	1	上田市	0:30
200	東太郎山	ひがしたろうやま	1301	—	○	林道コース	2	上田市	2:15
201	又五郎山	またごろうやま	1203	—	○	多少のやぶこぎ	3	上田市	2:10
202	上田市の松尾城跡	まつおじょうせき	1034	—	—	日向畑遺跡から	2	上田市	1:00
203	増尾山	ますおやま	1440	△	○	松尾城跡から縦走	3	上田市	3:10
204	和熊山	わくまやま	1644	—	○	増尾山から	3	上田市	5:25
205	鬼ヶ城	おにがじょう	1190	○	—	角間温泉から	3	上田市	1:35
206	雲雀沢ノ頭	ひばりさわのかしら	1449	—	○	角間温泉から	3	上田市	2:50
207	霧隠峰	きりがくれほう	1550	○	○	ルート解り易い	3	上田市	4:10
208	達磨山	だるまやま	1429	—	○	真田氏本城跡から	3	上田市	3:50
209	天白城跡	てんぱくじょうせき	960	△	△	明瞭道	1	上田市	0:50
210	かさつぶれ山	かさつぶれやま	1290	△	○	アンテナ群まで車	3	上田市	1:20
211	富士見台虚空蔵山	こくぞうさん	673	—	○	富士見霊園絶景	1	上田市	0:15
212	矢沢城跡	やざわじょうせき	663	△	○	ツツジ・桜・藤	1	上田市	0:15
213	砥石城跡	といしじょうせき	788	—	△	砥石崩れで有名	1	上田市	0:30
214	米山城跡	こめやまじょうせき	734	○	△	歴史有る山	1	上田市	0:30
215	矢沢山	やざわやま	1106	—	○	山頂不明瞭	3	上田市	1:20
216	上田市の殿城山	でんじょうさん	1193	○	○	市民の森公園から	2	上田市	2:40
217	東御市の烏帽子岳	えぼしだけ	2066	◎	○	市民の森公園から	3	上田市・東御市	5:05

CONTENTS

はじめに……………❸
この本の見方………………❹
信州の山中部 上巻 217 山岳マップ……❻
信州の山中部 上巻 217 山一覧表…………❼

1	乗鞍岳	のりくらだけ	1
2	末川尾	すえかわお	2
3	天ヶ峰	てんがみね	3
4	横道	よこみち	3
5	松本市の風吹山	かざふきやま	4
6	入山	にゅうやま	4
7	タカ見の広場	たかみのひろば	5
8	寒沢	さむさわ	5
9	五六峰	ごろくほう	6
10	松本市の祠峠	ほこらとうげ	7・8
11	保倉山	ほくらやま	7・8
12	松本市の見晴峠	みはらしとうげ	9
13	鈴蘭峰	すずらんほう	9
14	松本市の檜峠	ひのきとうげ	10
15	松本市の檜峠山	ひのきとうげやま	10
16	湯川渡山	ゆがわどやま	11
17	池尻山	いけじりやま	11
18	乗鞍の硫黄岳	いおうだけ	12
19	金山岩	きんざんいわ	12
20	松本市の十石山	じゅっこくやま	12・13
21	安房山	あぼうやま	14
22	霞沢岳	かすみざわだけ	16・17
23	六百山	ろっぴゃくざん	18
24	ひょうたん池	ひょうたんいけ	19
25	奥又白池	おくまたしろいけ	20
26	明神岳	みょうじんだけ	23
27	前穂高岳	まえほたかだけ	23
28	屏風の頭	びょうぶのあたま	23
29	焼岳	やけだけ	21
30	西穂高岳	にしほたかだけ	22
31	間ノ岳	あいのだけ	23
32	奥穂高岳	おくほたかだけ	23
33	涸沢岳	からさわだけ	23
34	北穂高岳	きたほたかだけ	23
35	南岳	みなみだけ	24
36	北アルプス中岳	なかだけ	24
37	大喰岳	おおばみだけ	24
38	槍ヶ岳	やりがたけ	24
39	樅沢岳	もみさわだけ	24

小槍

穂高連峰

西岳小屋から西岳

信州の山　中部　上巻217山　イラスト登山地図

40	赤沢山	あかざわやま……25		63	小滝山	こたきやま……37
41	北アルプス西岳	にしだけ……25		64	観峰	かんぼう……38
42	赤岩岳	あかいわだけ……25		65	出峰	いでみね……39
43	大天井岳	おてんしょうだけ……25		66	中入城跡	なかいりじょうせき……39
44	常念岳	じょうねんだけ……26		67	美ヶ原高原王ヶ頭	おうがとう……(40)・41
45	蝶ヶ岳	ちょうがたけ……26		68	松本市の袴越山	はかまごしやま……42
46	大滝山	おおたきやま……27		69	烏帽子岩	えぼしいわ……43
47	鍋冠山	なべかんむりやま……27		70	鳥居山	とりいやま……44
48	なめし頭	なめしあたま……28		71	大正山	たいしょうやま……45
49	かねうち	かねうち……28		72	芥子望主山	けしぼうずやま……46
50	ますがた	ますがた……28		73	伊深城山	いぶかじょうやま……46
51	松本市の白山	はくさん……30		74	戸谷峰	とやみね……47
52	大明神山	だいみょうじんやま……31		75	六人坊	ろくにんぼう……48
53	穴沢山	あなざわやま……31		76	三才山	みさやま……48
54	信濃城山	じょうやま……32		77	一条ヶ峰	いちじょうがみね……49
55	本神山	ほんかみやま……33		78	稲倉城跡	しなぐらじょうせき……49
56	金松寺山	きんしょうじやま……33		79	荒神尾城跡	あらかみおじょうせき……50
57	松本市の天狗岩	てんぐいわ……33		80	安曇野市の上ノ山	うえのやま……51
58	金比良山	こんぴらさん……34		81	松本市刈谷原の城山	じょうやま……51
59	大久保山	おおくぼやま……35		82	富士塚山	ふじつかやま……52
60	中山	なかやま……35		83	松本市の傘山	からかさやま……53・54
61	弘法山古墳	こうぼうやまこふん……35		84	松本市の四阿屋山	あずまやさん……54
62	林城跡	はやしじょうせき……36		85	橋ノ小屋跡	はしのこやあと……55

西岳から槍ヶ岳

CONTENTS

86	入山	いりやま	55・100
87	中ノ小屋	なかのこや	56
88	鳥ノ城物見	とりのしろものみ	56
89	松本市の大洞山	おおほらさん	57・58
90	松本市の虚空蔵山	こくぞうさん	59・60
91	唐鳥屋城跡	からとやじょうせき	61
92	二見台	ふたみだい	61・62
93	物見岩	ものみいわ	63
94	角蔵山	かくぞうやま	64
95	古城山	こじょうやま	65
96	浅川山	あさかわやま	66・67
97	有明山	ありあけやま	68
98	仮称天満山	てんまんやま	69
99	仮称松尾寺山	まつおじやま	69
100	富士尾山	ふじおさん	70
101	光城山	ひかるじょうやま	71
102	長峰山	ながみねやま	71
103	押野山	おしのやま	72
104	雷山	かんだちやま	72
105	お天狗様山	おてんごさまやま	73
106	岩洲公園	いわすこうえん	74
107	南筑北村の岩殿山	いわどのさん	75
108	京ヶ倉	きょうがくら	76
109	大城	おおじょう	76
110	金戸山	かなとこやま	77
111	たら原山	たららやま	78
112	聖山	ひじりやま	78・79・80
113	サテライト山	さてらいとやま	80
114	麻績村の三峯山	みつみねさん	81・82
115	麻績城山	おみじょうやま	83・84
116	のろし山	のろしやま	83
117	矢倉城跡	やぐらじょうせき	85
118	安坂城跡	あざかじょうせき	85
119	筑北村の城山	しろやま	86
120	竹場城跡	たけばじょうせき	86
121	粟嶋峰	あわしまほう	87
122	富蔵山	とくらさん	88
123	西条城址	にしじょうじょうし	88
124	東条城跡	ひがしじょうじょうせき	89
125	筑北村の四阿屋山	あずまやさん	90・91
126	硯竜山	すずりゅうやま	92
127	大根場	おおこんば	92
128	筑北村の大沢山	おおさわやま	93・94
129	筑北村の丸山	まるやま	94
130	子檀嶺岳	こまゆみだけ	95・96・97
131	青木村の飯縄山	いいずなさん	96

不消ヶ池乗鞍

信州の山　中部　上巻217山

132	湯坂山	ゆさかやま	97	155	霊泉寺城山	じょうやま	122
133	十観山	じゅっかんざん	98	156	熊沢峠	くまざわとうげ	122
134	滝山	たきやま	99	157	崩口峰	くずれぐちみね	122
135	御鷹山	おたかやま	99・100	158	渋田見山	しぶたみやま	123
136	二ッ石峰	ふたついしみね	100	159	上田市の唐沢山	からさわやま	124
137	青木村の天狗山	てんぐやま	101	160	浅間岳	せんげんだけ	125
138	青木村の大明神岳	だいみょうじんだけ	101	161	鳥屋城跡	とやじょうせき	126・127
139	上田市の東山道	とうさんどう	102	162	根羽城跡	ねばじょうせき	126
140	夫神岳	おかみだけ	103・104	163	小山城跡	こやまじょうせき	127
141	冠着山	かむりきやま	105・106・107	164	鳥羽山	とばやま	128
142	八頭山	はっとうさん	108	165	丸子城跡	まるこじょうせき	129
143	大林山	おおばやしやま	108・109	166	依田城跡	よだじょうせき	130
144	上田市の城山	しろやま	110	167	上田市の天狗山	てんぐやま	130
145	弘法山	こうぼうやま	111	168	上田市の東山	ひがしやま	131・132
146	吉沢城跡	よしざわじょうせき	112	169	天白山	てんぱくさん	133
147	安曽岡山	あそおかやま	112	170	和合城跡	わごうじょうせき	135
148	上田市の高ボッチ	たかぼっち	112	171	陣馬鳥越山	じんばとりごえやま	135
149	富士嶽山	ふじたけさん	113	172	上田市の虚空蔵山	こくぞうざん	136
150	独鈷山	とっこさん	114・115・116・117	173	兎峰	うさぎみね	136・137
151	独鈷山帰望峰	きぼうほう	118	174	上田市の飯綱山	いいづなやま	137
152	独鈷山竜王山	りゅうおうさん	118	175	上田市の太郎山	たろうやま	138・139
153	女神岳	めがみだけ	119	176	坂城町の大峯山	おおみねやま	140・141
154	富士山	ふじやま	120・121	177	水晶山	すいしょうやま	140・141

上田兎峰途中の藤棚

CONTENTS

信州の山　中部　上巻 217 山　イラスト登山地図

178	大道山	だいどうざん……142		198	長尾城跡	ながおじょうせき……154
179	坂城町の鳩ヶ峯	はとがみね……142		199	尾引城跡	おびきじょうせき……154
180	黒柏木山	くろかしゃぎやま……143		200	東太郎山	ひがしたろうやま……155
181	鏡台山	きょうだいさん……143・144		201	又五郎山	またごろうやま……156
182	千曲市の大峯山	おおみねざん……144		202	上田市の松尾城跡	まつおじょうせき……157
183	上田市の高遠山	たかとうやま……145		203	増尾山	ますおやま……157
184	オコウ山	おこうやま……146		204	和熊山	わくまやま……157
185	仮称鳴尾山	なるおやま……146		205	鬼ヶ城	おにがじょう……158
186	堀切山	ほりきりやま……147		206	雲雀沢ノ頭	ひばりさわのかしら……158
187	保基谷岳	ほきやだけ……147		207	霧隠峰	きりがくれほう……159
188	四阿山	あずまやさん……148		208	達磨山	だるまやま……160
189	大松山	おおまつやま……149		209	天白城跡	てんぱくじょうせき……161
190	高平山	たかひらさん……150		210	かさつぶれ山	かさつぶれやま……161
191	剣岩山	けんがんやま……151		211	富士見台虚空蔵山	こくぞうさん……162
192	上田市の雷岩	かみなりいわ……151		212	矢沢城跡	やざわじょうせき……162
193	上田市の天狗岩	てんぐいわ……152		213	砥石城跡	といしじょうせき……163
194	洗馬城跡	せばじょうせき……153		214	米山城跡	こめやまじょうせき……163
195	根小屋城跡	ねごやじょうせき……153		215	矢沢山	やざわやま……164
196	千古屋城跡	せんごやじょうせき……153		216	上田市の殿城山	でんじょうさん……164
197	信鋼寺山	しんこうじさん……154		217	東御市の烏帽子岳	えぼしだけ……164・165・166

山小屋荷揚げ風景

白樺峠展望公園より乗鞍岳

ヒュッテ大槍の高みからご来光を仰ぐ

松本市の烏帽子岩

1 乗鞍岳 のりくらだけ／3025m／往復2時間20分
松本市と岐阜県高山市の境の山

乗鞍岳は23峰7池8平原からなるそうですが、体力に合わせて年間楽しめる山としては長野県では最高級です。余りにも有名で精度の高いパンフもあるのでここでは、アプローチ等内容は、簡単にします。
コースは大別して3通り有る
①松本側から前川渡又は湯川渡から入りシャトルバスに乗り、肩の小屋口から登山。
②高山側から平湯又は朴の木平からシャトルバスに乗り、畳平から登山。
③高山側から飛騨高山スキー場・カクレハ高原・子ノ原高原・アイミックス自然村・野麦峠等々の登山口から本格登山。

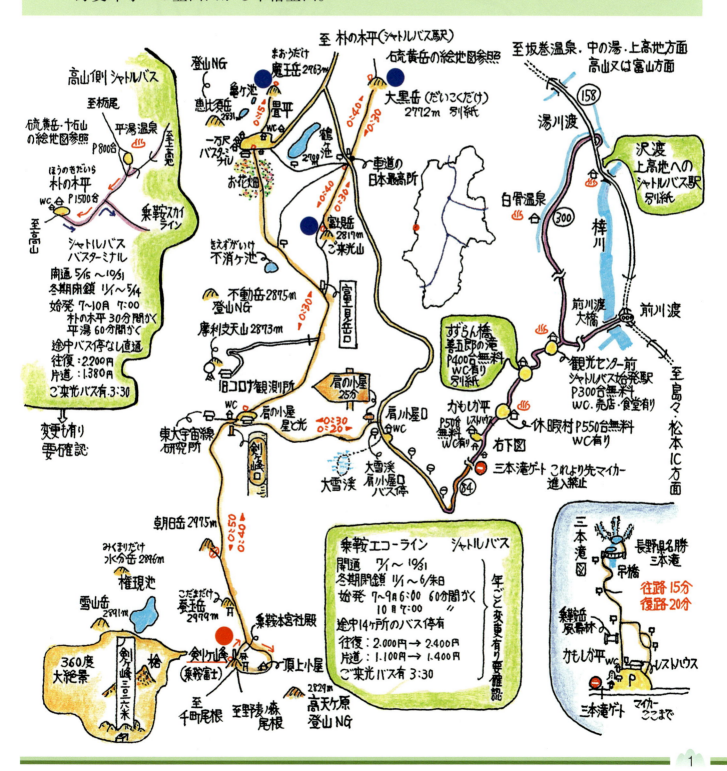

2 末川尾 すえかわお／1635m／往復2時間20分
松本市に有る山

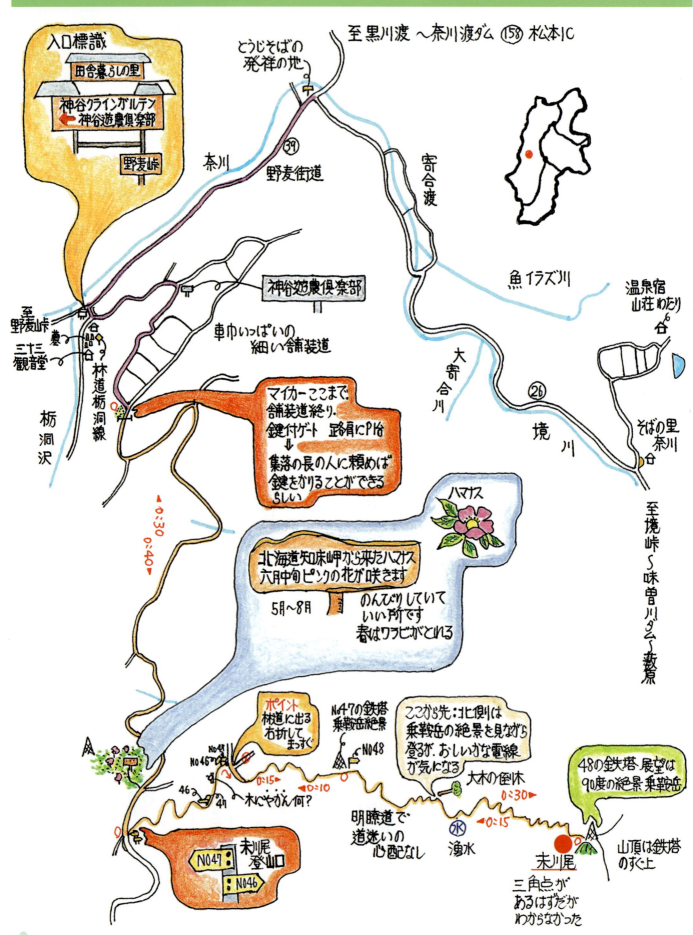

3 **天ヶ峰** てんがみね／1813m／往復4時間

 4 **横道** よこみち／1748m／往復3時間10分

以上は、松本市に有る山

5 松本市の**風吹山** かざふきやま／1960m／往復5時間20分
6 **入山** にゅうやま／1478m／往復1時間
以上は、松本市に有る山

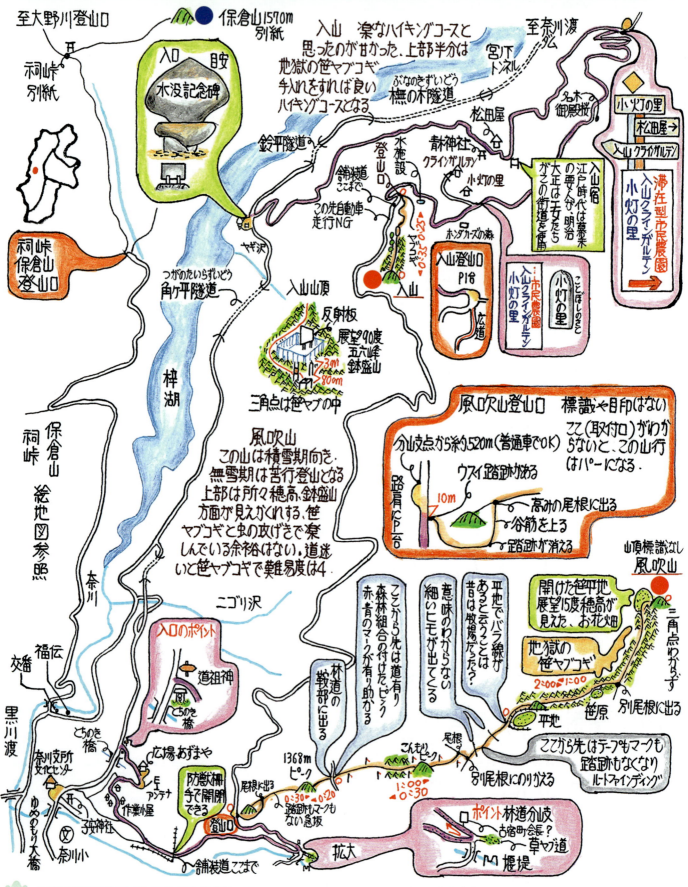

| 7 | **タカ見の広場** たかみのひろば／1707m／往復25分 |
| 8 | **寒沢** さむさわ／1810m／往復1時間50分 |

以上は、松本市に有る山

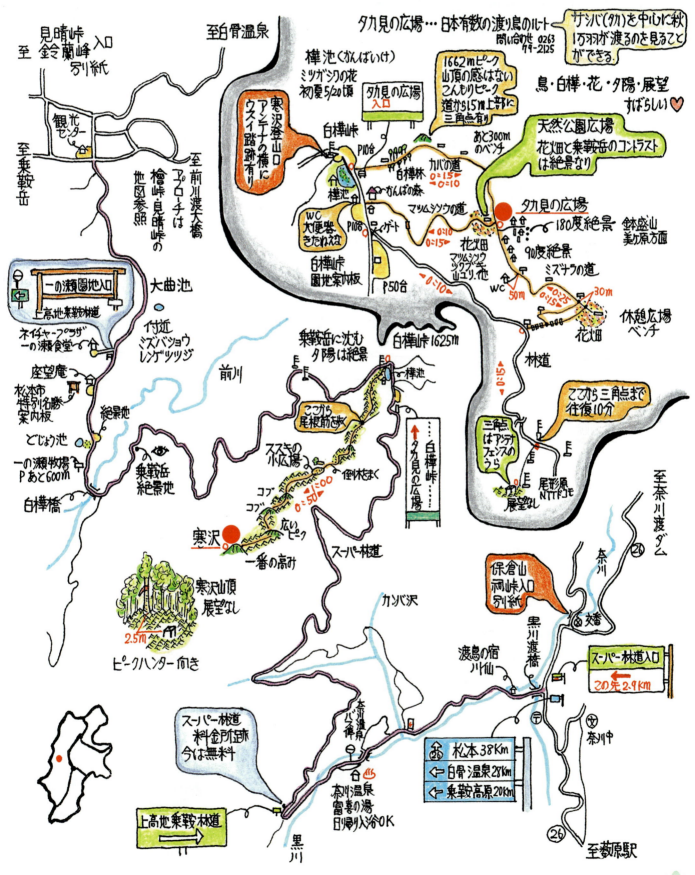

9 五六峰　ごろくほう／2173m／往復9時間40分
松本市に有る山

無雪期に登山したが、1625mピーク地点から徐々に笹に覆われ山頂まで強烈なヤブコギとなる。長距離のヤブコギで疲れ果てた。おまけに虫に襲われ目・鼻・口・耳に入ってくる。目に入ったやつは涙で溺れて死んだ。
下山してから両耳がはれ上がり、医者に行って治療するも、全治1週間かかった。虫ごときと舐めてはいけない、虫除け対策をしたほうが良い。

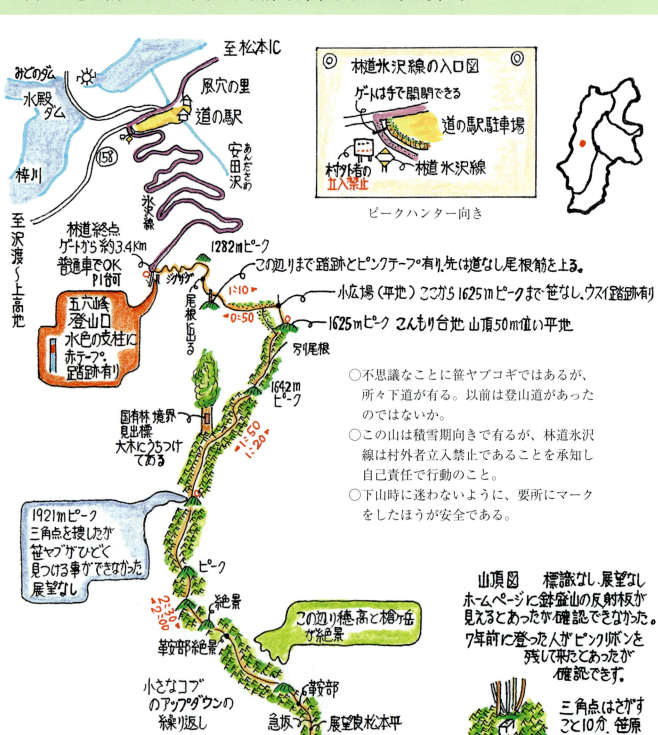

| 🥾 | 10 | 松本市の祠峠 | ほこらとうげ／1341m／往復1時間30分 |
| 🥾 | 11 | 保倉山 | ほくらやま／1570m／往復2時間50分 |

以上は、松本市に有る山

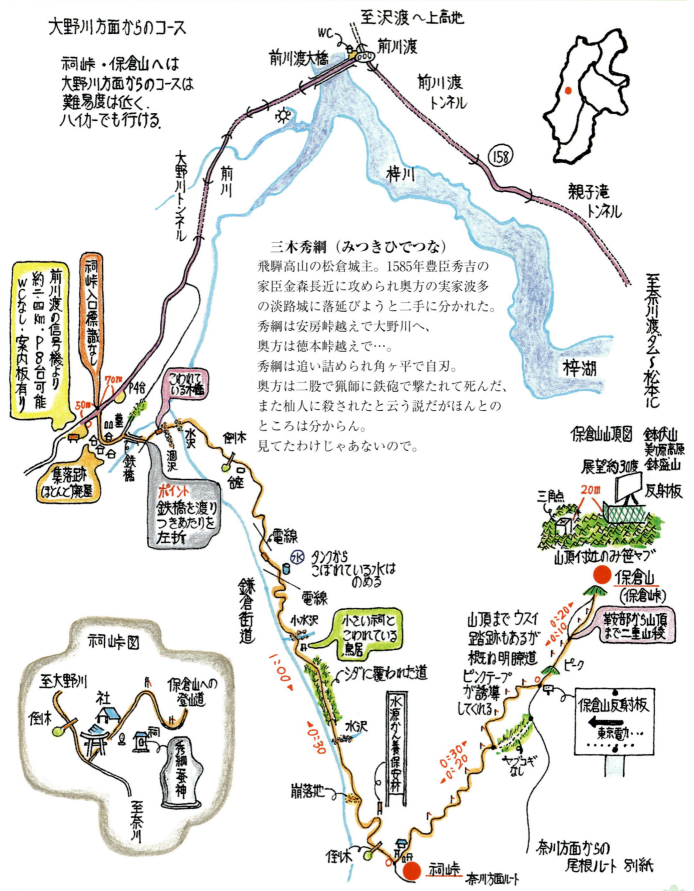

| 10 | 松本市の祠峠 | ほこらとうげ／1341m／往復2時間 |
| 11 | 保倉山 | ほくらやま／1570m／往復2時間50分 |

以上は、松本市に有る山

12 松本市の見晴峠　みはらしとうげ／1887m／往復1時間30分
13 鈴蘭峰　すずらんほう／2015m／往復3時間20分
以上は、松本市に有る山

見晴峠：標識に見晴峠の文字は一つも出てこないが、登山道は明瞭で良く整備されている。白骨温泉側からの登山道入口に何の標識も無いのは残念。

鈴蘭峰：ピークハンター向き初級レベル。笹は有っても概ね下道とマークが有り高みを目指せばよい。

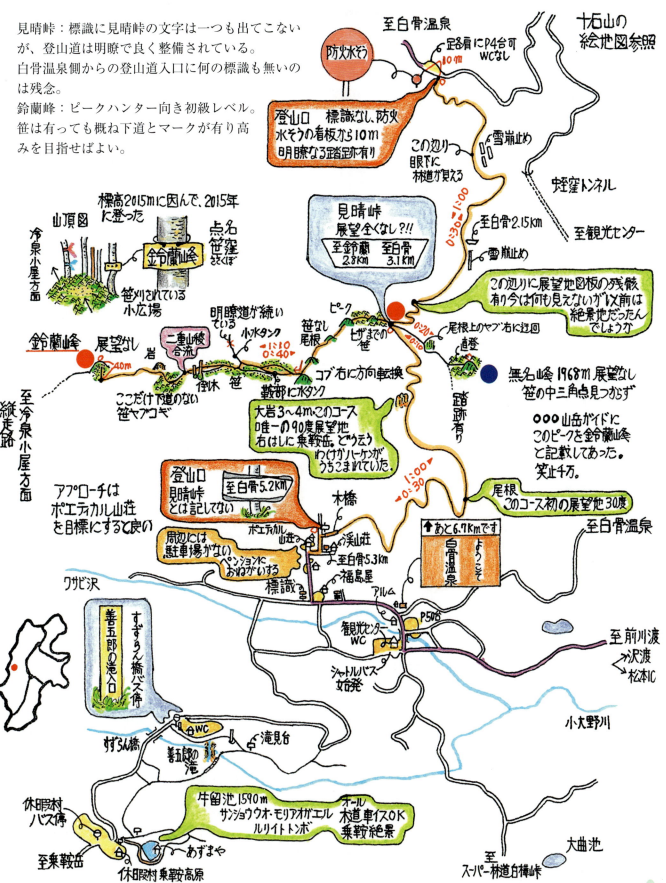

14 松本市の**檜峠** ひのきとうげ／1339m／往復0

15 松本市の**檜峠山** ひのきとうげやま／1479m／往復1時間

以上は、松本市に有る山

至 上高地・中ノ湯温泉・安房峠／至 池尻湿原／沢渡足湯公園前／第2P／第3P／至 沢渡大橋〜前川渡 松本IC／158／湯の花荘／N05の鉄塔／No6の鉄塔入口 階段／ホテル仙乃家／アンテナ NTTドコモ沢渡／舗装道終り

取付き（アプローチ）は湯川渡山・池尻山の絵地図参照

番所線起点

唯一の絶景地（焼岳）草むらにベンチ有り

筆者がとったルートの登山口…右に拡大

水タンク　0:40／0:20　拡大

白骨温泉への道 未確認 踏跡有り

檜峠山 展望なし こちらのルートが正解

檜峠 1339m　中平への道 未確認

峠らしからぬ！峠って普通一番の高みに有るものだがこの峠は少し低い所に有る。

地理院地図に載っていない林道

湧水のめる

少し下っている

ここからは急坂のヤブで尾根に取り付けない

番所線起点

尾根に取り付く　50m　0:40／0:20　この先ヤブでムリ

ガードレール／沢／水タンク

尾根筋通りに行く幼木があるが密林ではないのでスムーズに歩ける

檜峠からの尾根筋 こちらの方が正解

山城ができるくらいの広地

檜峠山 展望なし　三角点は通り道に有る

沢渡方面からは普通自動車でここまでOK

1394m 道から東へ5mに三角点有り

番所方面からは初めての展望地 鉢盛山方面

2015年時マイカーはここまで。この先三角点までの林道は鋭い小石がゴロゴロ有り。パンクの恐れ大、又車の回転場所もここしかない P1台

0:50／0:30

A地点から約1km　舗装道終り A地点から約650m

A地点

観光客の皆様へ この先、「人家」はありません 林道につき用のない方は立ち入らない様下さい

陽だまり

有料老人ホーム 安寿の里のりくら／ペンションパル／民宿芝原

岳見荘

Pるぴなす／Pパル／陽だまり　展望台　地図

番所大滝 有料駐車場 小型200円 大型500円

ばんどころおおたき 番所大滝 いいね！詳細は説明板有り

ちどり池／番所大滝看板

番所線／やまに荘／JAあずみ組合前バス停

至 観光センター 乗鞍岳シャトルバス停

おおきなおせわ 乗鞍三滝 美観採点 個人差有り
番所大滝 －－－－ 10/10点
善五郎の滝 －－－－ 2/10 〃
三本滝 －－－－－ 7/10 〃

16 湯川渡山 ゆがわどやま／1463m／周遊2時間30分
17 池尻山 いけじりやま／1185m／周遊1時間20分
以上は、松本市に有る山

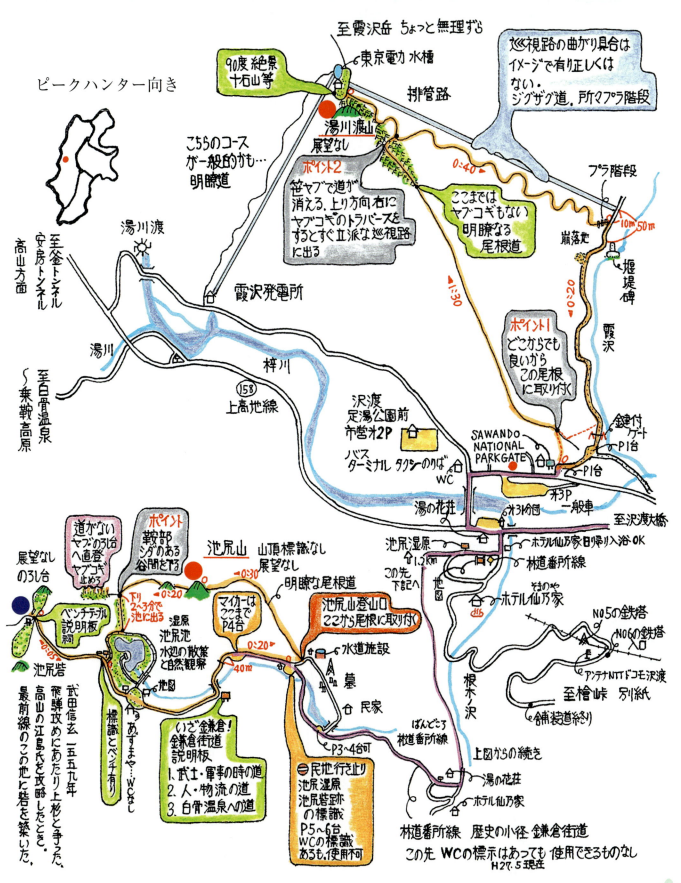

18	乗鞍の硫黄岳	いおうだけ／2554m／往復2時間20分
19	金山岩	きんざんいわ／2532m／往復5時間10分
20	松本市の十石山	じゅっこくやま／2525m／往復7時間10分

以上は、松本市と岐阜県高山市の境の山

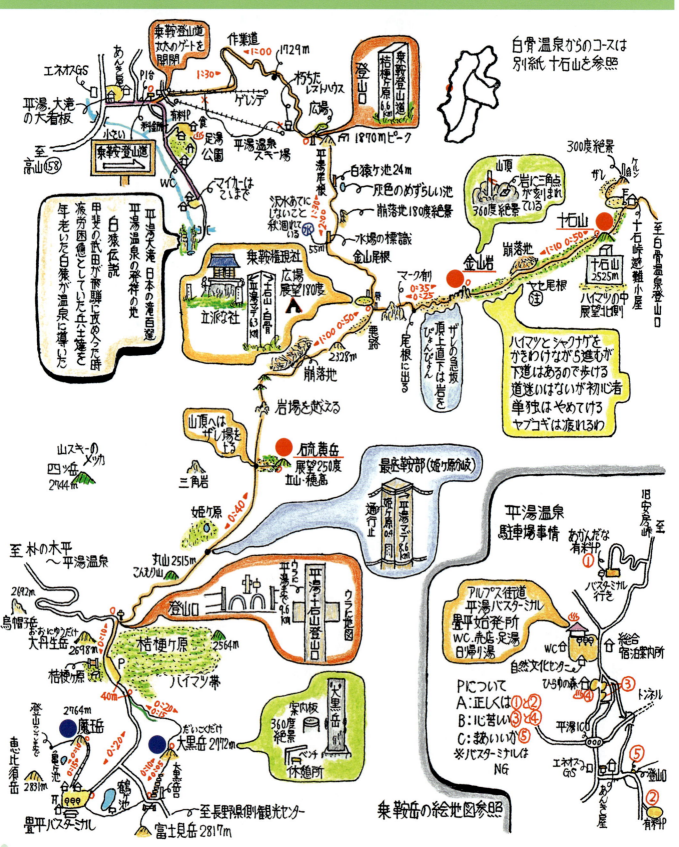

20 松本市の十石山 じゅっこくやま／2525m／往復6時間25分
松本市と岐阜県高山市の境の山

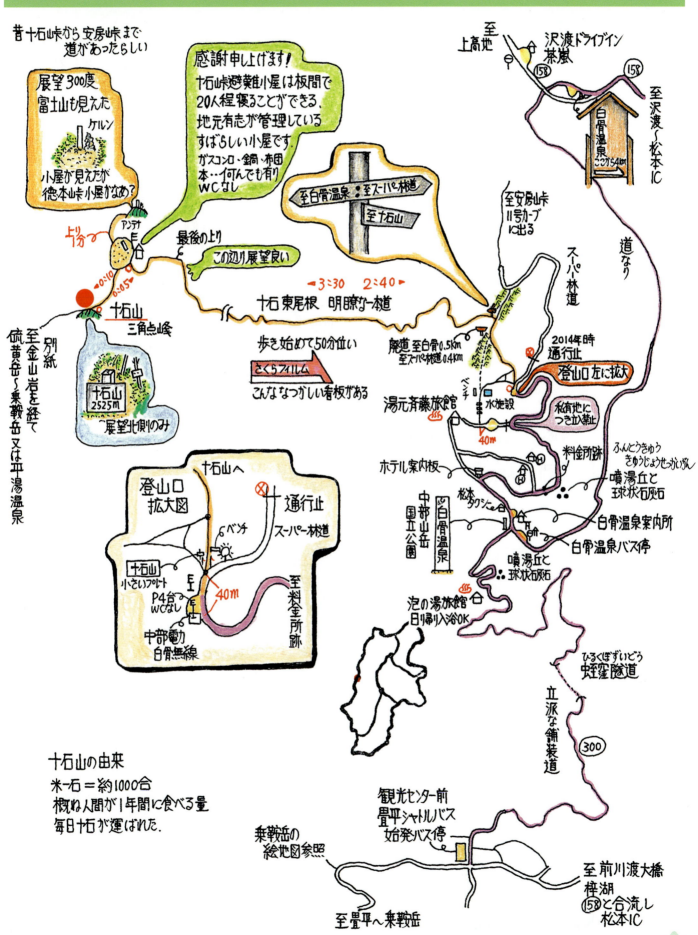

21 安房山 あぼうやま／2219m／往復3時間10分
松本市と岐阜県高山市の境の山

ピークハンター向き

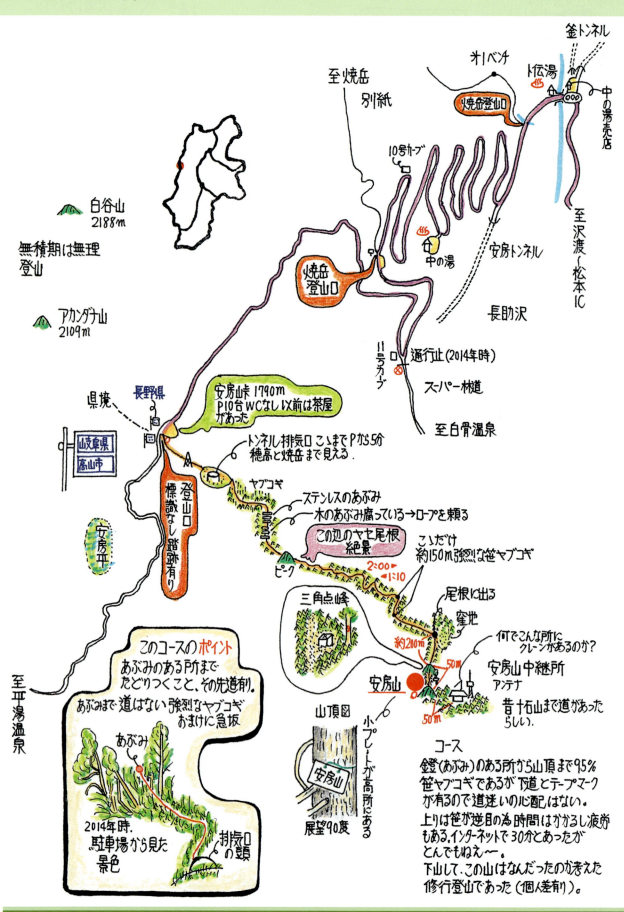

上高地へのアプローチ （2018年現在）

　上高地：古くは神降地・神合地・神垣地・神河内と云われ現在の上高地になったと聞きます。

1、電車の場合…中央線松本駅から松本電鉄終点駅「新島々駅行」に乗り、上高地行きのバスに乗り換える（通常6：10頃であるが確認のこと。Tel 0263－92－2511 アルピコ交通）。
2、マイカーの場合…R158を高山・富山方面に向かい、沢渡（さわんど）駐車場にて上高地シャトルバスか、タクシーを利用し上高地に入る。駐車場の料金（600円／日）は均一、タクシー料金（4,200円）も均一、バス料金（2,050円）、但し経年変化します。
3、徒歩の場合…松本電鉄新島々駅から徒歩でR158を旧安曇野村役場を目指し、島々谷林道のクラシックコースを徳本峠経由で明神橋まで約9～10時間歩く。先人達が歩いたコースです。岳人なら一度は歩きましょう。
4、その他…岐阜県の平湯温泉バスターミナルからシャトルバス・タクシーを利用する。
　※注意…①上高地からの最終バスの時間を確認してから行動して下さい。
　　　　　②R158と上高地線の分岐に有る釜トンネルには、駐車場は有りません。

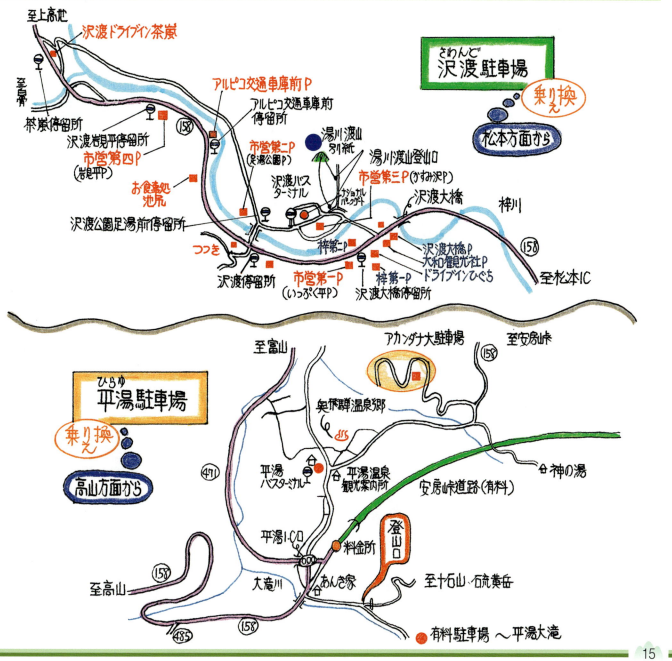

上高地（神降地）総図

22 霞沢岳 かすみざわだけ／2645m／往復11時間40分
松本市に有る山

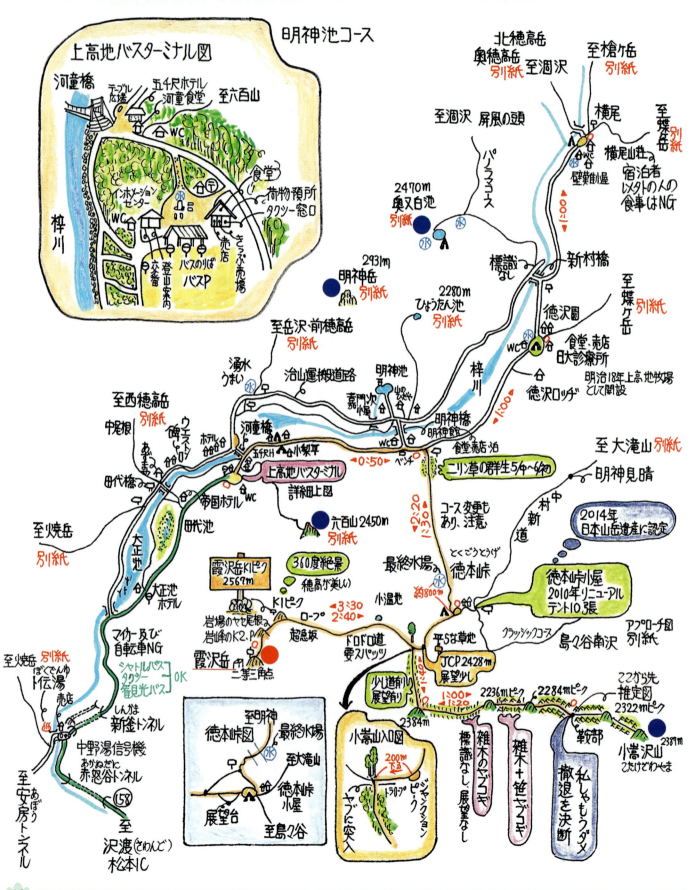

22 霞沢岳 かすみざわだけ／2645m／往復18時間
松本市に有る山

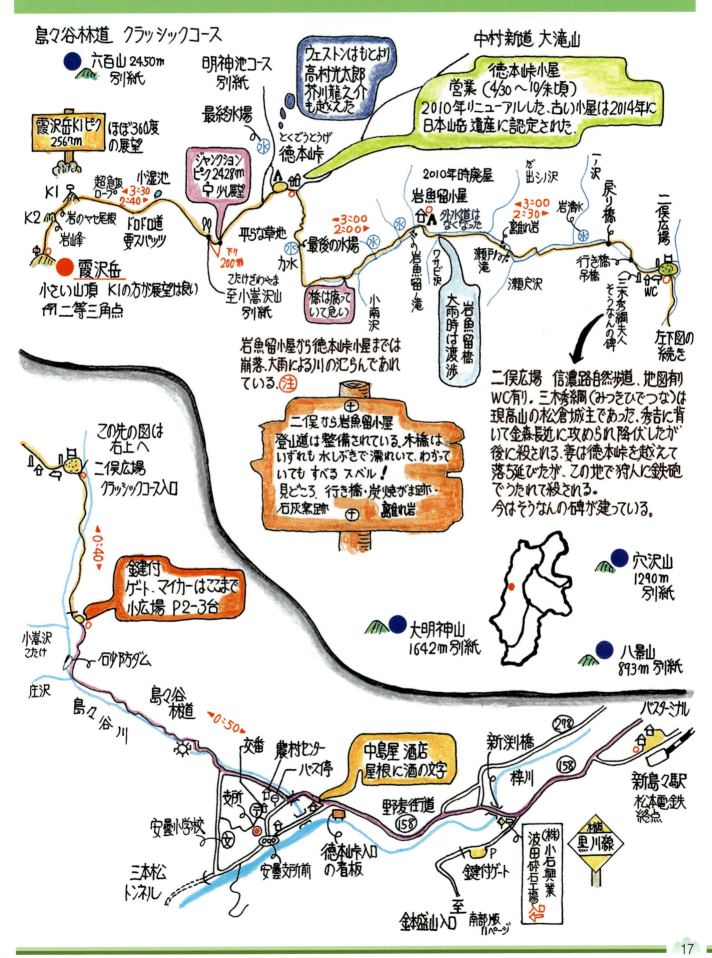

23 六百山 ろっぴゃくざん／2450m／往復4時間40分
松本市に有る山

登山口には、テープが張られていて、入山を拒否しているように直感的に感じ取れるが、登山する人がいる以上、紹介することにする。

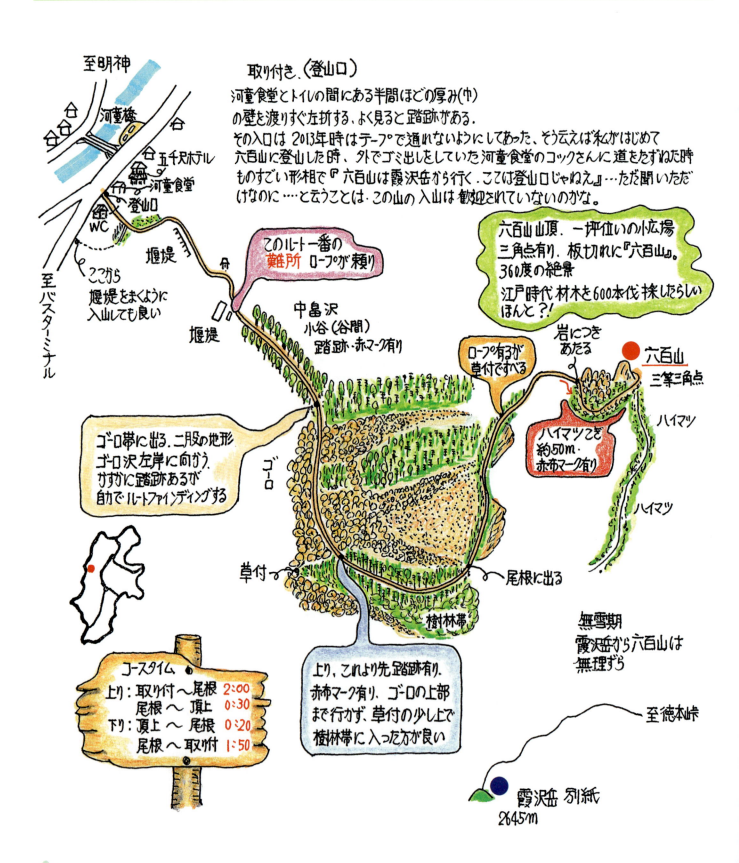

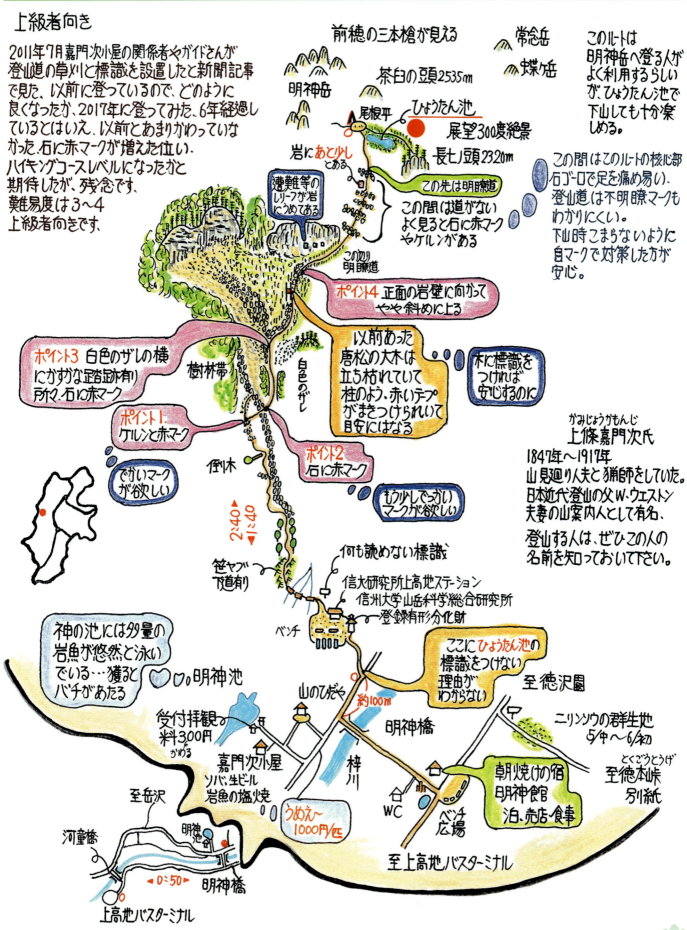

25 奥又白池 おくまたしろいけ／2470m／往復8時間
松本市に有る池

小さな池ですが、背に穂高岳・明神岳が連なり、山に囲まれた特別の池として、絶景地に上げました。

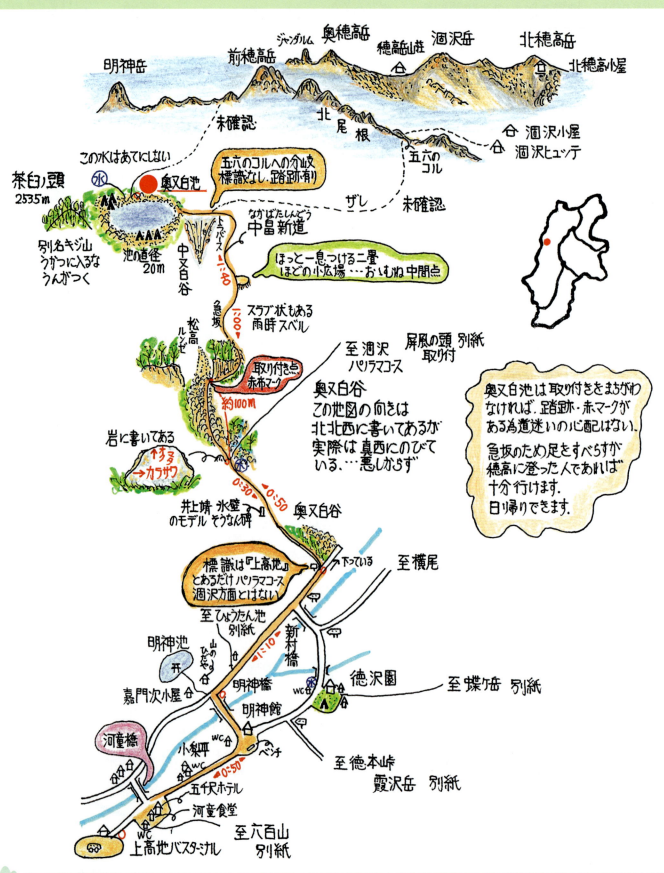

29 焼岳 やけだけ／2455m／往復5時間20分
松本市と岐阜県高山市の境の山

活火山で、噴煙が上がっている。吸い込まぬよう注意のこと（硫化水素ガス）。
焼岳山頂への登山コースは5通りあり、いずれのコースも紅葉時は綺麗です。

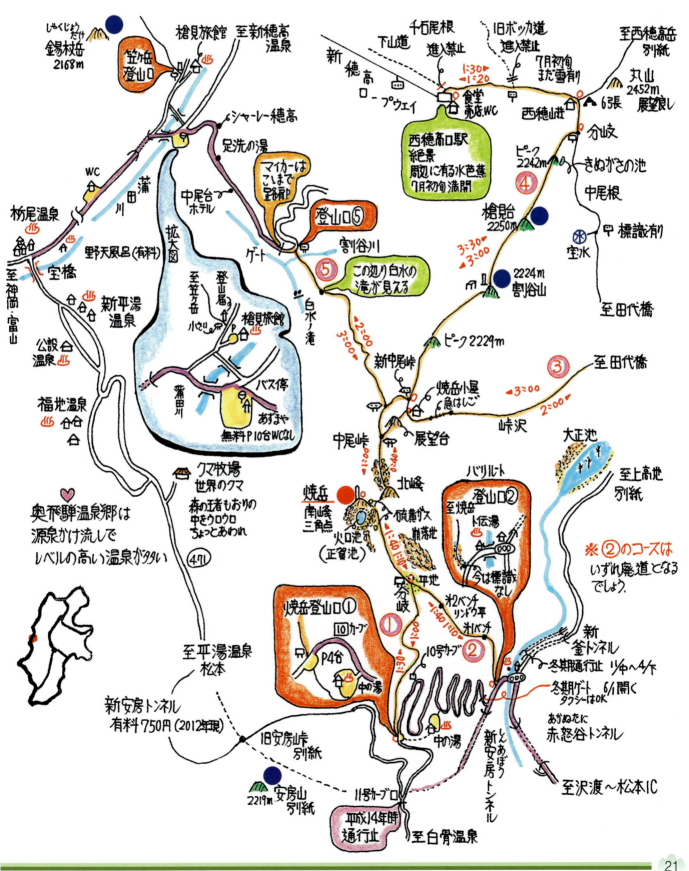

30 西穂高岳 にしほたかだけ／2908m／往復7時間30分
松本市と岐阜県高山市の境の山

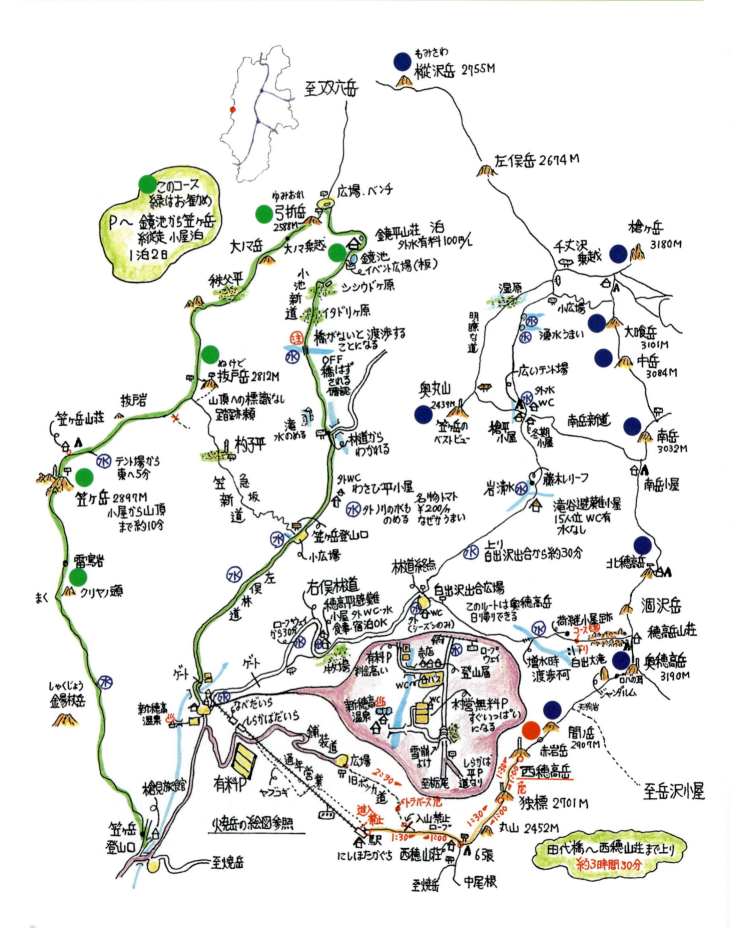

26	明神岳	みょうじんだけ／2931m／往復11時間	
27	前穂高岳	まえほたかだけ／3090m／往復10時間20分	
28	屏風の頭	びょうぶのあたま／2565m／往復10時間30分	

以上は、松本市に有る山

31	間ノ岳	あいのだけ／2907m／往復9時間30分	
32	奥穂高岳	おくほたかだけ／3190m／往復16時間40分	
33	涸沢岳	からさわだけ／3110m／往復16時間20分	
34	北穂高岳	きたほたかだけ／3106m／往復16時間	

以上は、松本市と岐阜県高山市の境の山

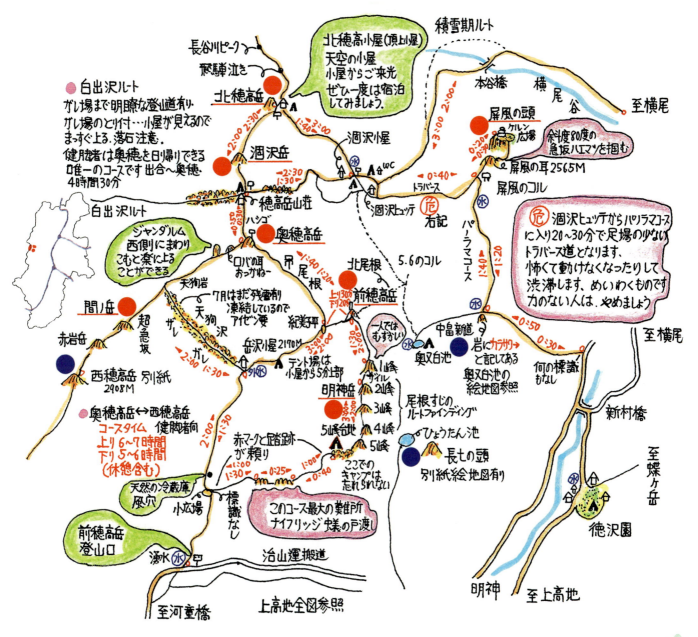

- 35 南岳　みなみだけ／3032m／往復16時間10分
- 36 北アルプス中岳　なかだけ／3084m／往復18時間30分
- 37 大喰岳　おおばみだけ／3101m／往復17時間30分

以上は、松本市と岐阜県高山市の境の山

- 38 槍ヶ岳　やりがたけ／3180m／往復17時間10分

松本市と大町市の境の山

- 39 樅沢岳　もみさわだけ／2755m／往復14時間20分

大町市と岐阜県高山市の境の山

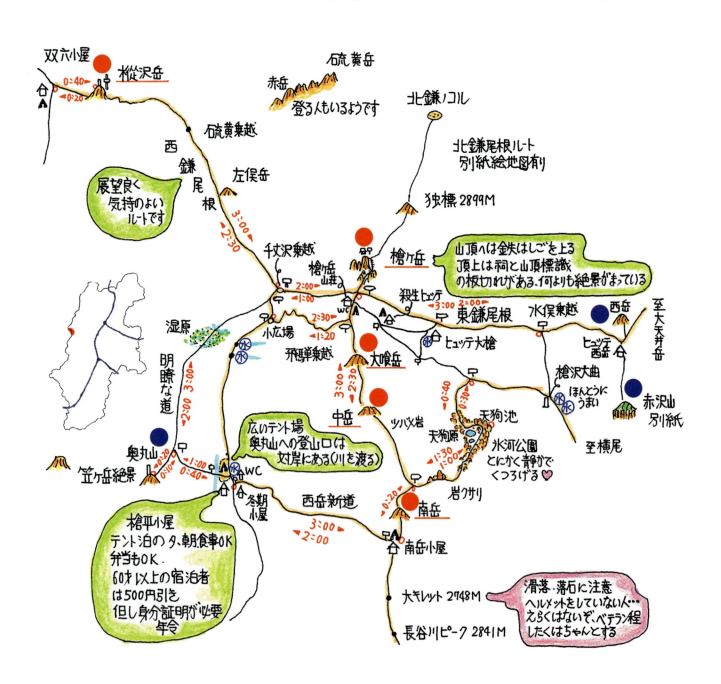

	40	赤沢山	あかざわやま／2670m／往復18時間10分

松本市に有る山

	41	北アルプス西岳	にしだけ／2758m／往復16時間40分

	42	赤岩岳	あかいわだけ／2768m／往復17時間30分

以上は、松本市と大町市の境の山

	43	大天井岳	おてんしょうだけ／2922m／往復12時間20分

松本市・大町市・安曇野市の境の山

44 常念岳 じょうねんだけ／2857m／往復10時間5分
45 蝶ヶ岳 ちょうがたけ／2677m／往復8時間20分
以上は、松本市と安曇野市の境の山

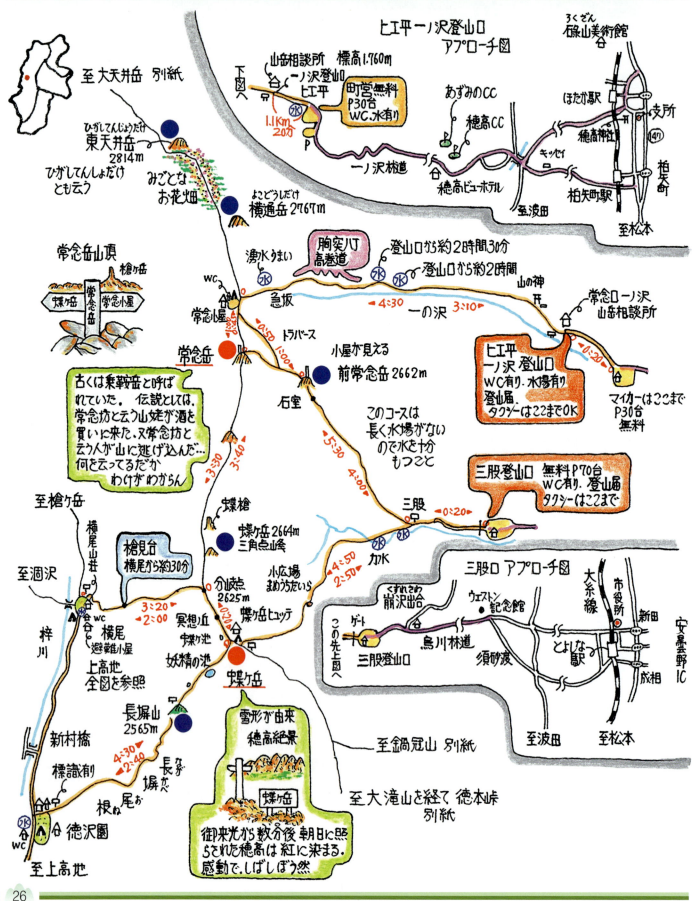

46 大滝山　おおたきやま／2616m／往復11時間
松本市に有る山

47 鍋冠山　なべかんむりやま／2194m／往復4時間40分
松本市と安曇野市の境の山

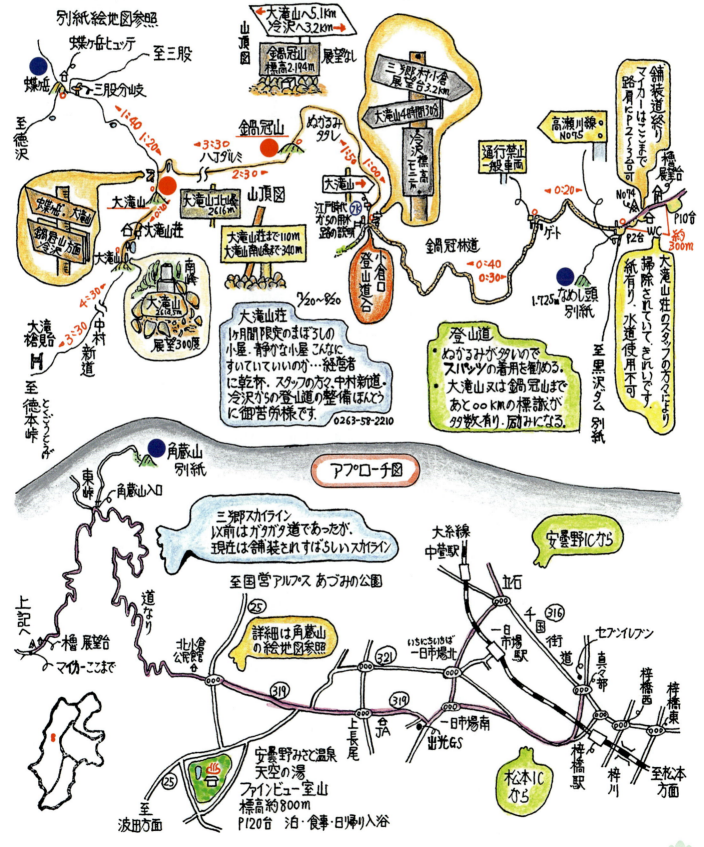

48 なめし頭　なめしあたま／1725m／往復1時間40分
別名：なめし穴山　安曇野市に有る山

49 かねうち　かねうち／1887m／往復4時間

50 ますがた　ますがた／1942m／往復5時間20分
以上は、松本市と安曇野市の境の山

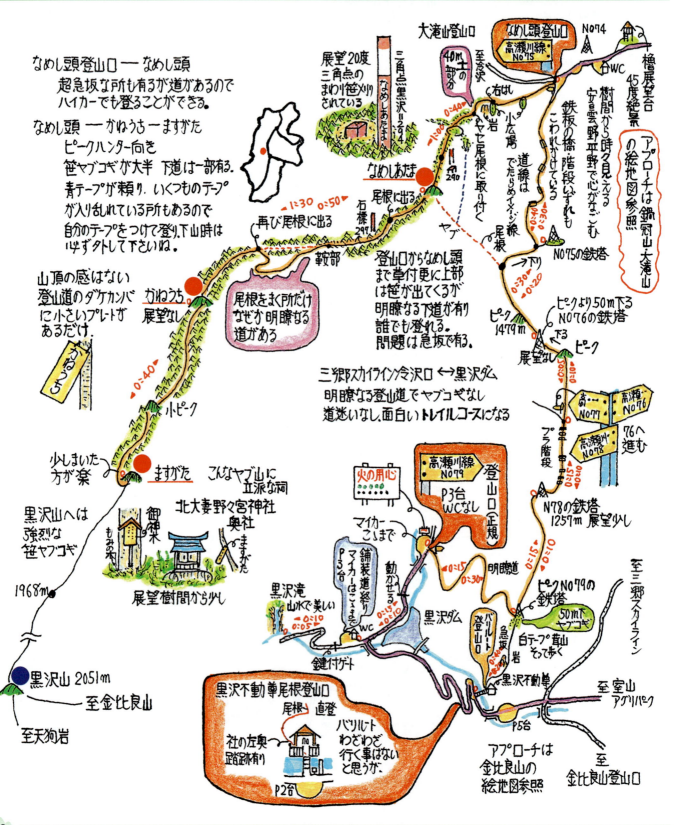

松本波田周辺の山　全体図
本神山・城山・金松寺山・天狗岩・穴沢山・大明神山・白山

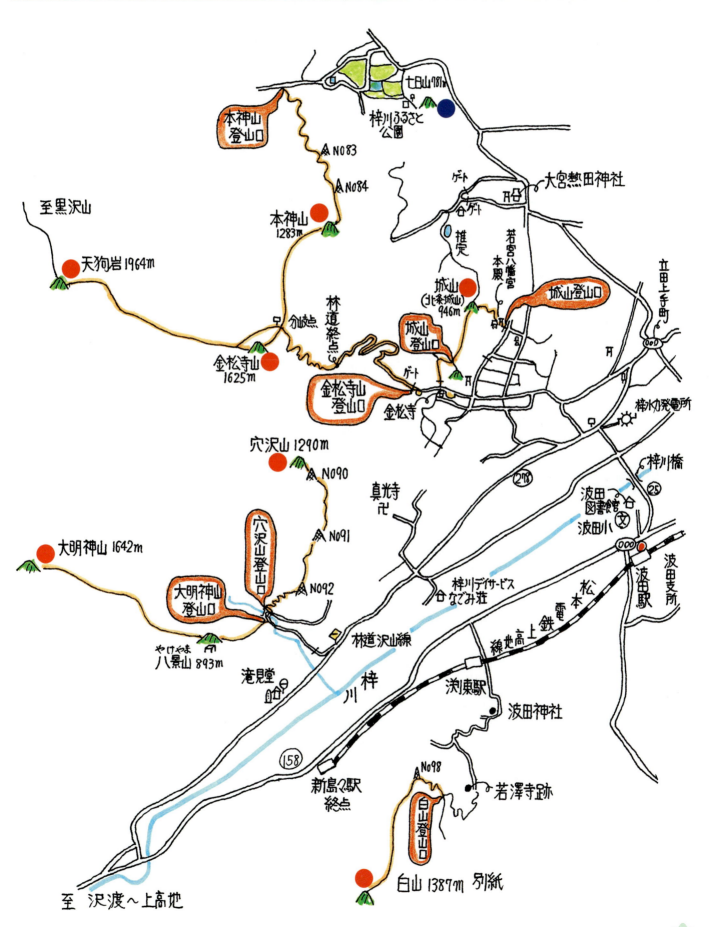

51 松本市の白山　はくさん／1387m／往復2時間20分
松本市に有る山

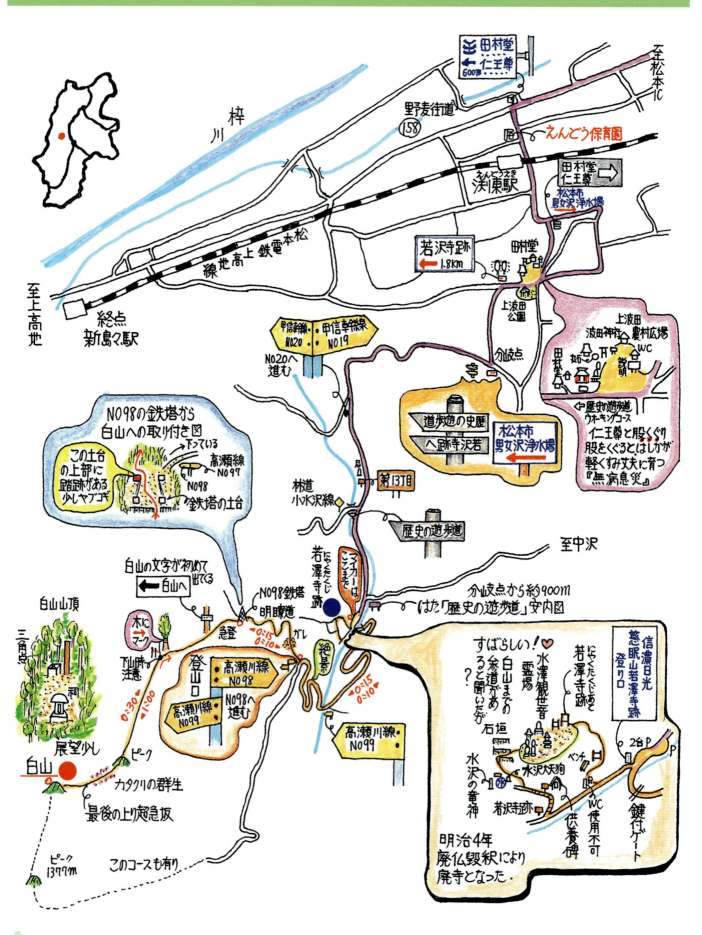

52 大明神山 だいみょうじんやま／1642m／往復6時間20分
53 穴沢山 あなざわやま／1290m／往復2時間20分

以上は、松本市に有る山

ピークハンター向き　地元の人に八景山を聞いたがわからず。
この山は松茸山で入山禁止『罰金50万円』とある。きのこ時期は止めた方が良い。大明神山は標高差900m強なので軽いハイキングレベルではない。

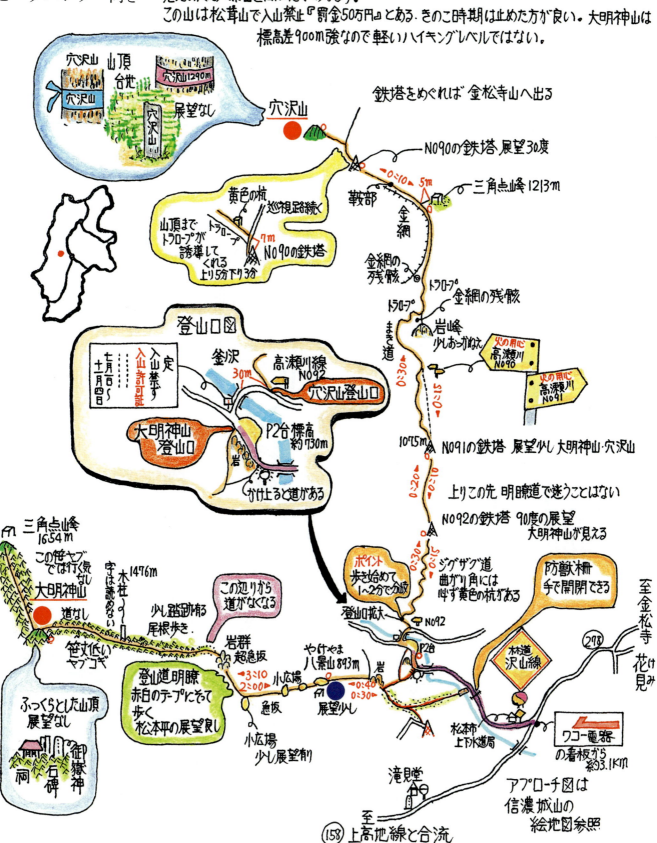

54 信濃城山　じょうやま／946m／往復1時間

別名：信濃北条城（しなのきたじょうじょう）又は西牧城
松本市に有る山

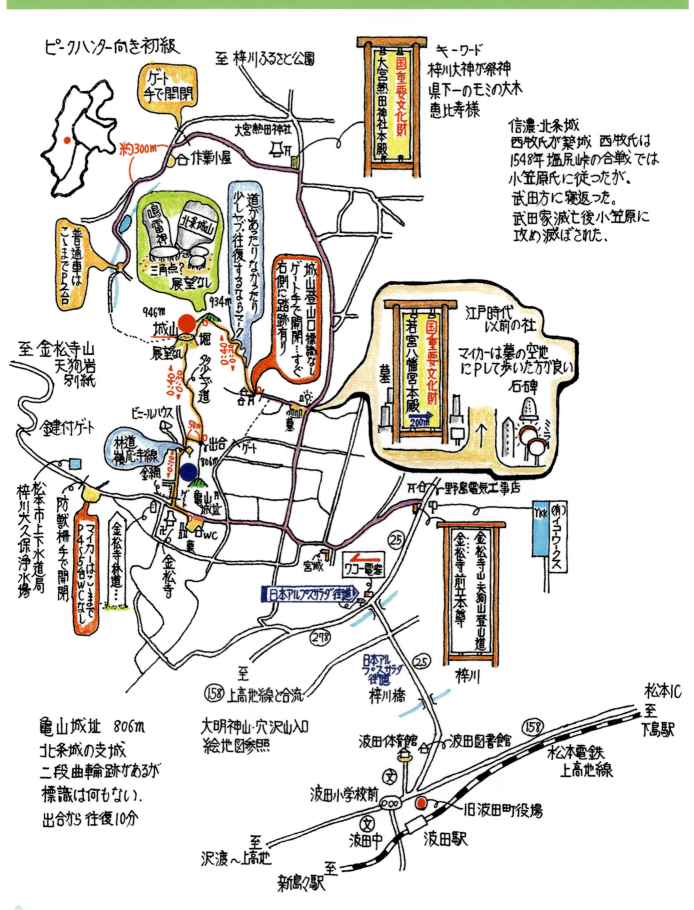

55	**本神山**	ほんかみやま／1283m／往復2時間
56	**金松寺山**	きんしょうじやま／1625m／往復3時間50分
57	松本市の**天狗岩**	てんぐいわ／1964m／往復5時間45分

以上は、松本市に有る山

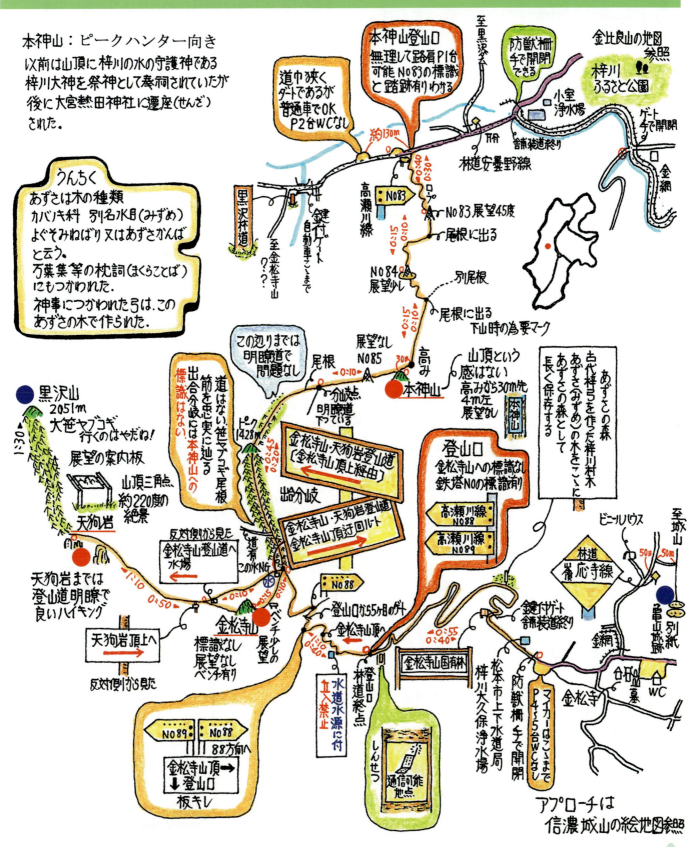

58 金比良山　こんぴらさん／1156m／往復3時間
松本市と安曇野市の境の山

ピークハンター向き

この里山は侮ってはいけない
① No2の登山口から超急坂である．
② 上部は道らしき所も有りマークもあるが、初～中間までは小さな尾根筋が入り乱れている為．下山時は道迷いのリスクは高い。
③ 山頂はピークと云うより丘なので ぼ～～としていると通りすぎてしまう恐れ有り。

黒沢不動尊　　1855年建立

雨迄い信仰のお堂．修験者の道場でもあった。本尊の不動明王像は縁日(5月)以外は浄心寺に安置されている．又武田信玄が金を掘った時 その穴封じにお不動様を祀ったらしい……別名穴不動とも云われている。

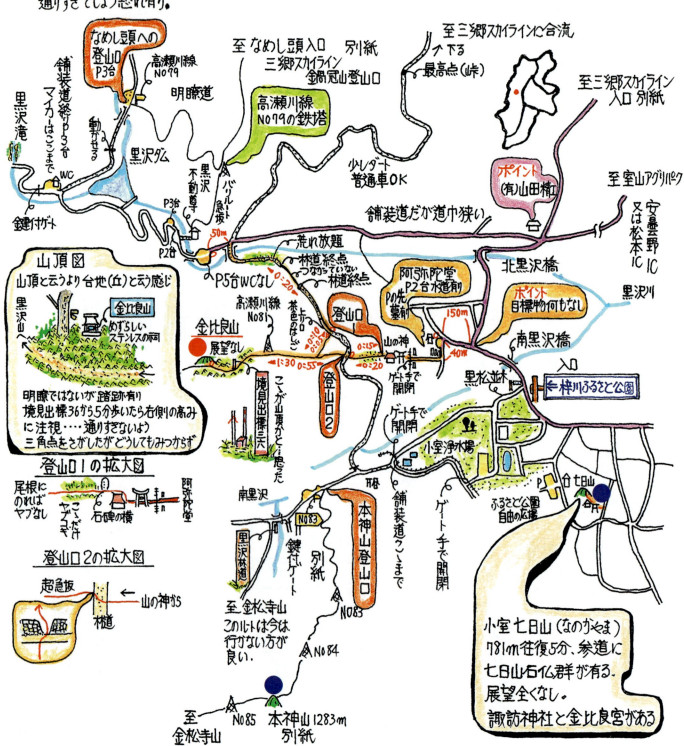

59 大久保山　おおくぼやま／836m／往復5分
60 中山　なかやま／836m／往復10分
61 弘法山古墳　こうぼうやまこふん／650m／往復15分
以上は、松本市に有る山

弘法山古墳：東日本最大級の前方後方墳．その頂上に登って良いのかね〜!?
標高約650mなのに330度の大絶景で桜の名所 4/14〜20日前後
北アルプスと満開の桜で感動した。

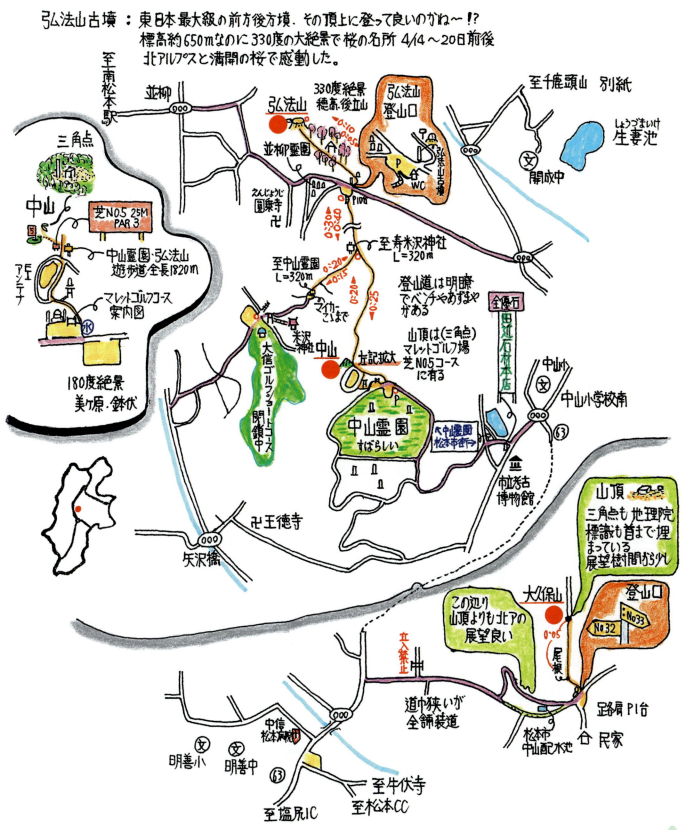

62 林城跡 はやしじょうせき／846m／往復1時間10分
別名：林大城（はやしおおじょう）金華山城（きんかやまじょう）
東城山（ひがしじょうやま）　松本市に有る山

　信濃守護職小笠原長棟の居城（当初井川城を居城としていた）。1550年小笠原長時の時代、武田信玄に攻められ落城した。

武田信玄の先見の目
　戦国時代は山城が常識、林城を攻め落とした信玄は、山城には目もくれず、平城の深志城（現松本城）を山本勘助の縄張りで改築しここを拠点とした。後石川数正の縄張りで松本城完成。

小笠原長時の末路
　なぜか会津若松城で家臣の裏切りにあい殺害される。その後長時から三代目の小笠原忠真（ただざね）は、松本・明石藩主を経由して小倉藩初代藩主となる（前城主細川氏は熊本城に移る）。
九州の旅行は、是非小倉城を見学してね！
　清和源氏の流れの小笠原家は「小笠原流礼法」「小笠原流馬上槍」「弓馬術礼法」「小笠原流華道・茶道」等々の文化人である。

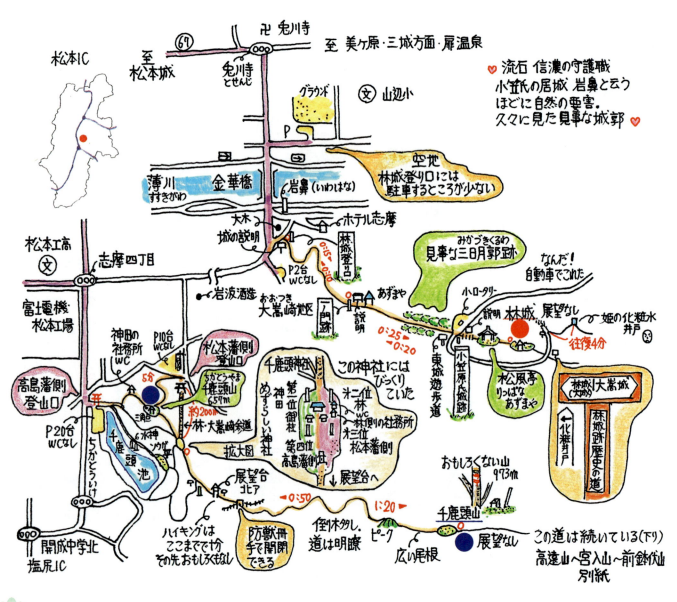

63 小滝山　こたきやま／1661m／往復1時間25分
松本市に有る山

美ヶ原高原は三つの地層でできている

何百万年前3つの時代の異なる地層が積み重なってできている。
　一番下に、小滝山層群、その上に不整合で塩嶺累層、さらにその上に美ヶ原溶岩類が重なっている。

64 観峰 かんぽう／1423m／往復50分
松本市に有る山

ピークハンター向き

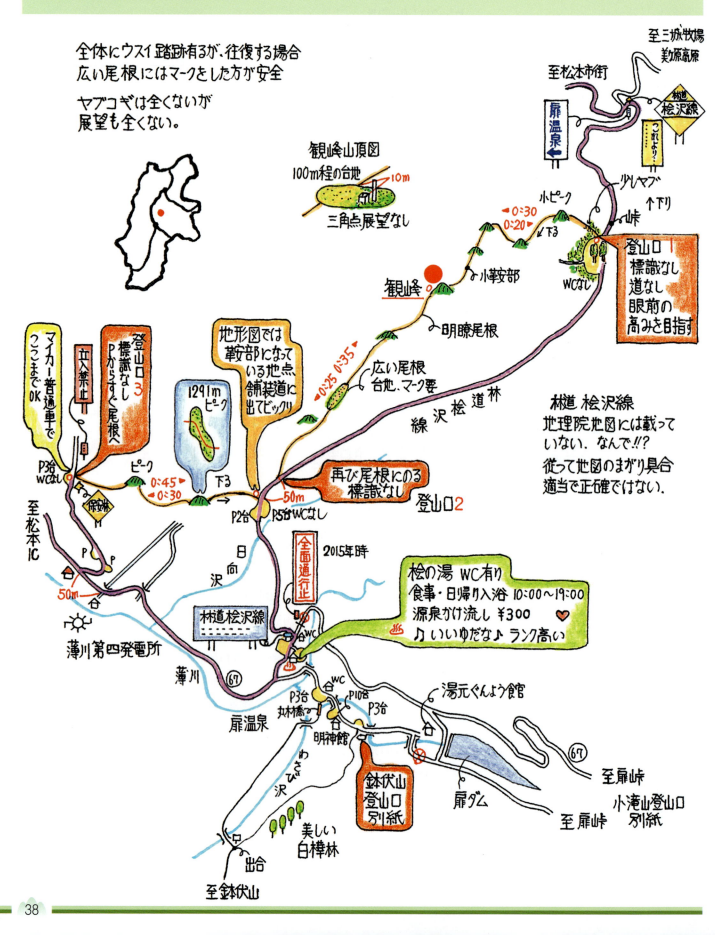

65 出峰 いでみね／1487m／往復0
66 中入城跡 なかいりじょうせき／1056m／往復35分
以上は、松本市に有る山

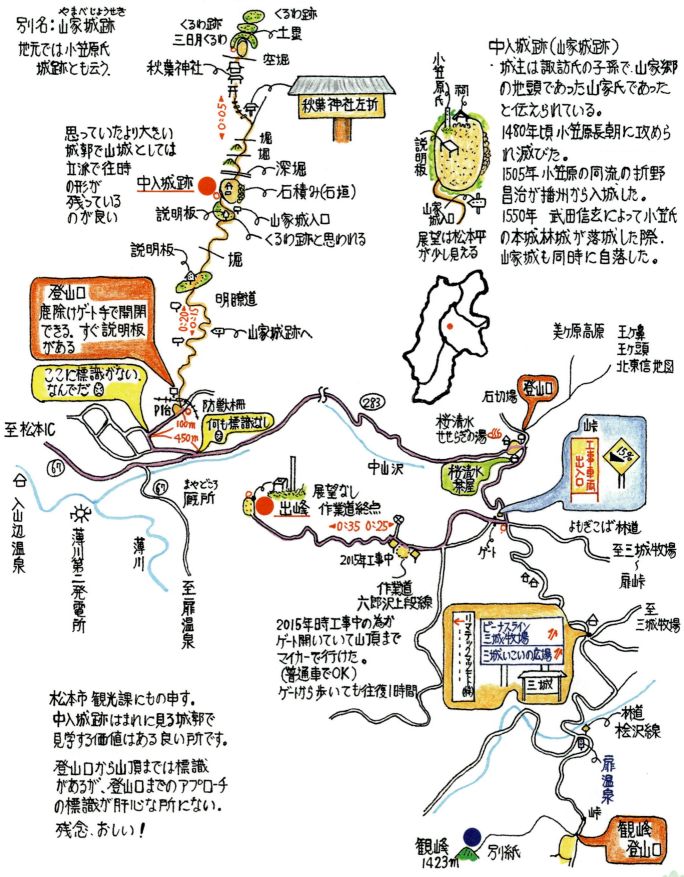

美ヶ原高原（うつくしがはらこうげん）ピーク多数有り
上田市・松本市・長和町の境に有る山

絶景ピーク

王ヶ頭（おうがとう2034m）・王ヶ鼻（おうがはな2008m）・牛伏山（うしぶせやま1990m）・物見石山（ものみいしやま1985m）・茶臼山（ちゃうすやま2006m）・鹿伏山（しかぶせやま1977m）・焼山（やけやま1907m）。

焼山の注意点…登るチャンスは牛の放牧前後の年2回です。4月25日過ぎに自然保護センターに問い合わせのこと（0263-31-2807）：鹿捕獲の罠がしかけられていて、勝手に入ると危険です。

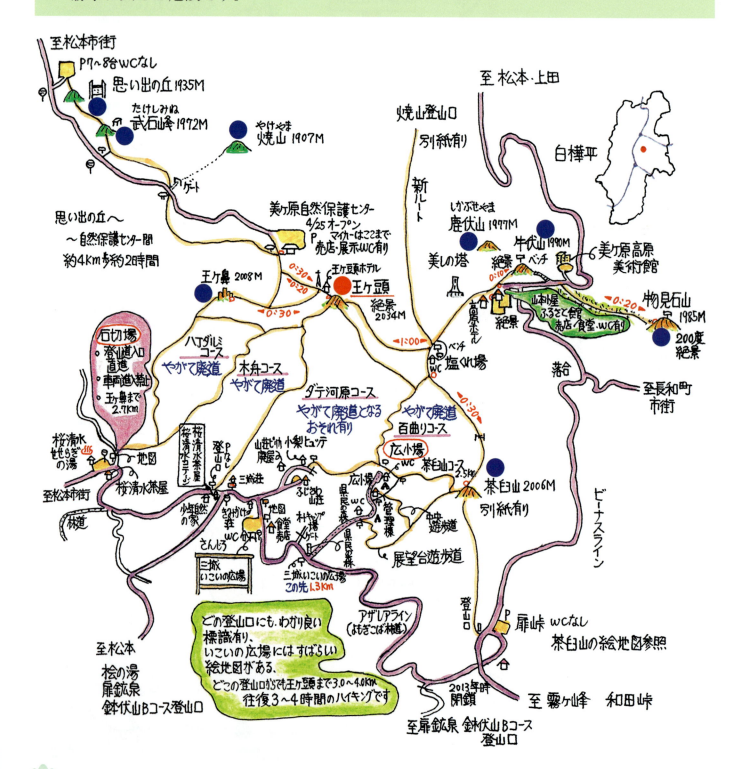

67 美ヶ原高原 王ヶ頭　おうがとう／2034m／往復5時間45分
松本市と上田市の境の山

美ヶ原高原への登山ルートは数多くありますが（美ヶ原全図を参照）、焼山登山口コースは2008年頃整備され、人気が高まり、メジャーな登山口となりましたので、ご紹介いたします。
原生林に囲まれ、沢・滝・光苔あり、静かで涼しい変化に富んだコースです。

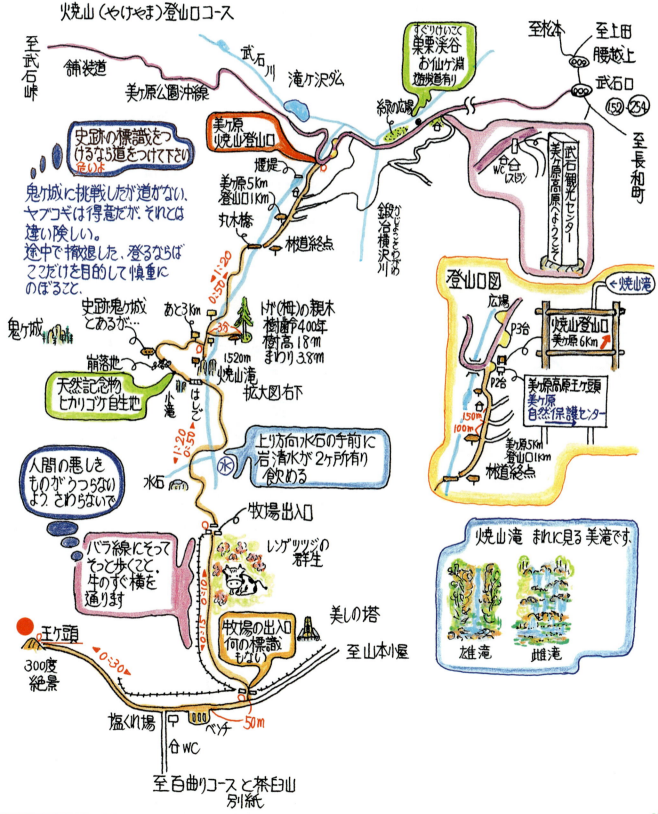

68 松本市の袴越山　はかまごしやま／1753m／周遊40分
松本市に有る山

69 烏帽子岩 えぼしいわ／1621m／往復25分
松本市に有る山

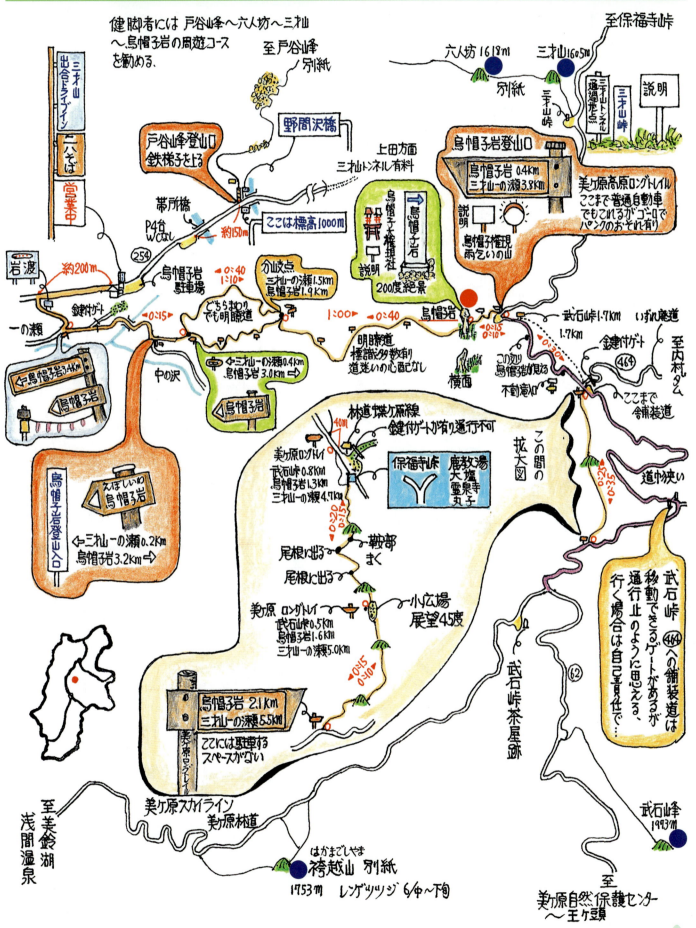

70 鳥居山 とりいやま／743m／往復20分
松本市に有る山

流石松本市、長野市と並んで公園の規模が違う。鳥居山はたいした山ではないが、周辺には城山公園・アルプス公園等展望地が多数あり全体が開放感があり良い雰囲気である。

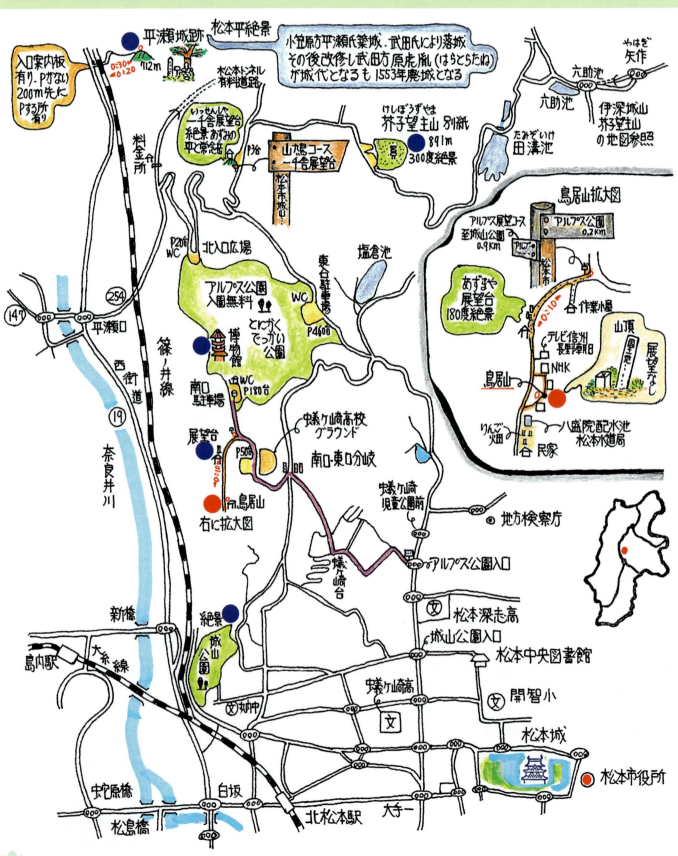

71 大正山 たいしょうやま／1060m／往復30分
松本市に有る山

浅間温泉周辺の山…ハイキング

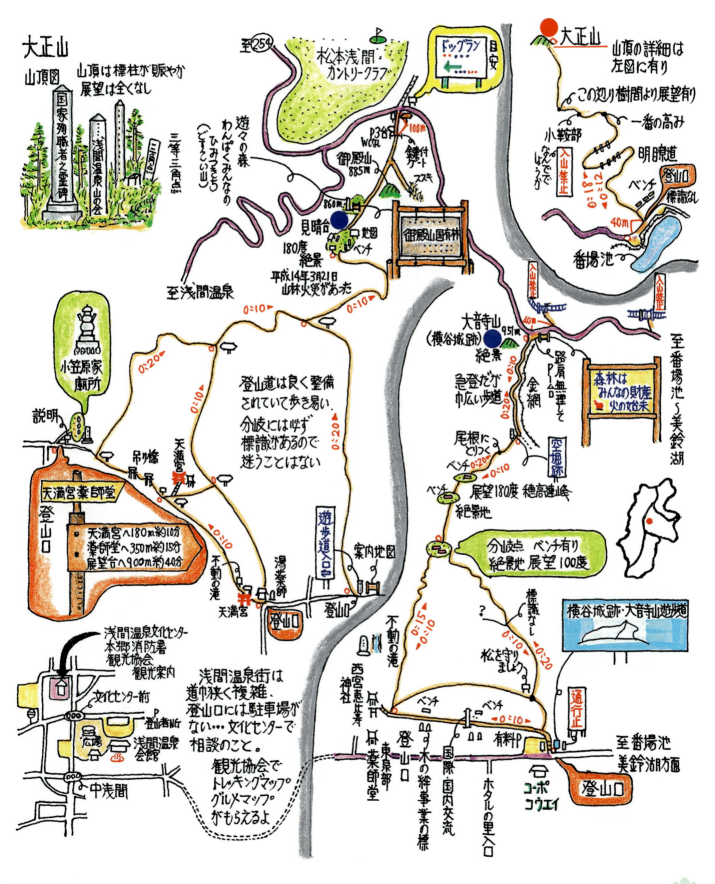

72 芥子望主山　けしぼうずやま／891m／往復5分
73 伊深城山　いぶかじょうやま／916m／往復40分
以上は、松本市に有る山

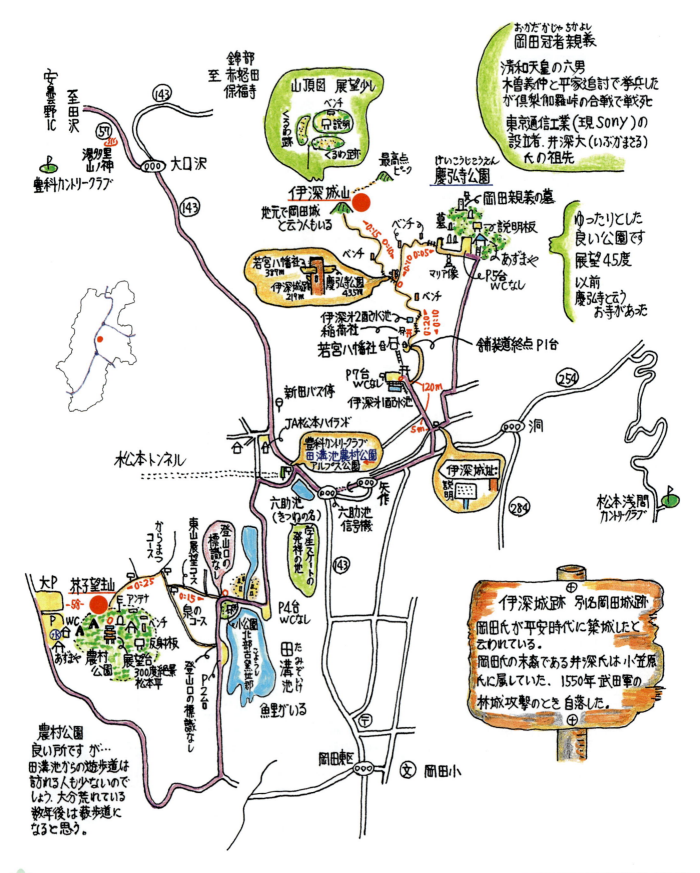

74 戸谷峰 とやみね／1629m／往復2時間40分
松本市に有る山

コース2通り有り…①野間沢橋コース　②保福寺コース

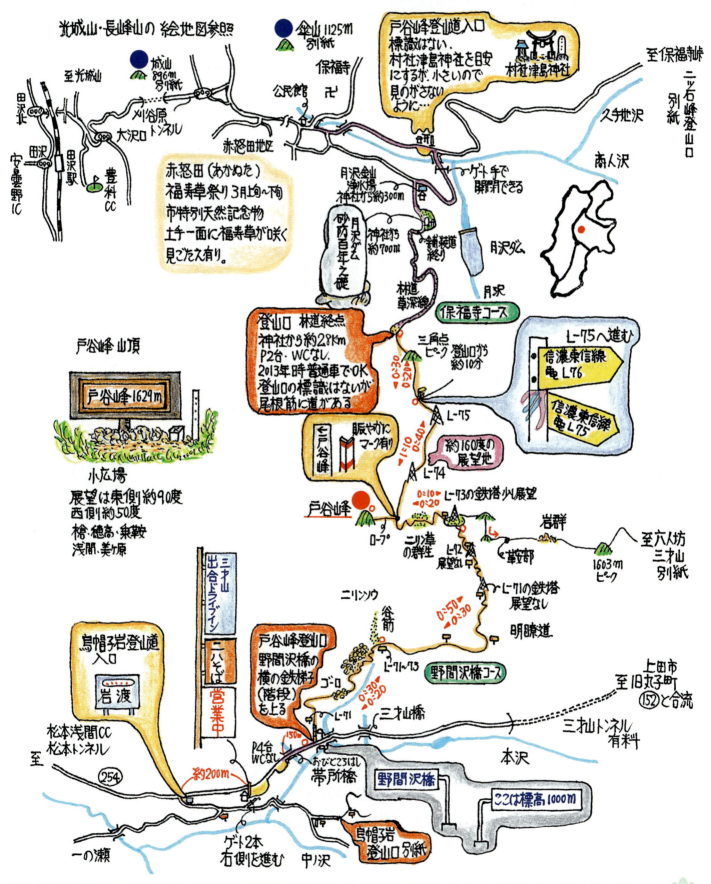

75 六人坊 ろくにんぼう／1618m／往復1時間
松本市に有る山

76 三才山 みさやま／1605m／往復30分
松本市と上田市の境の山

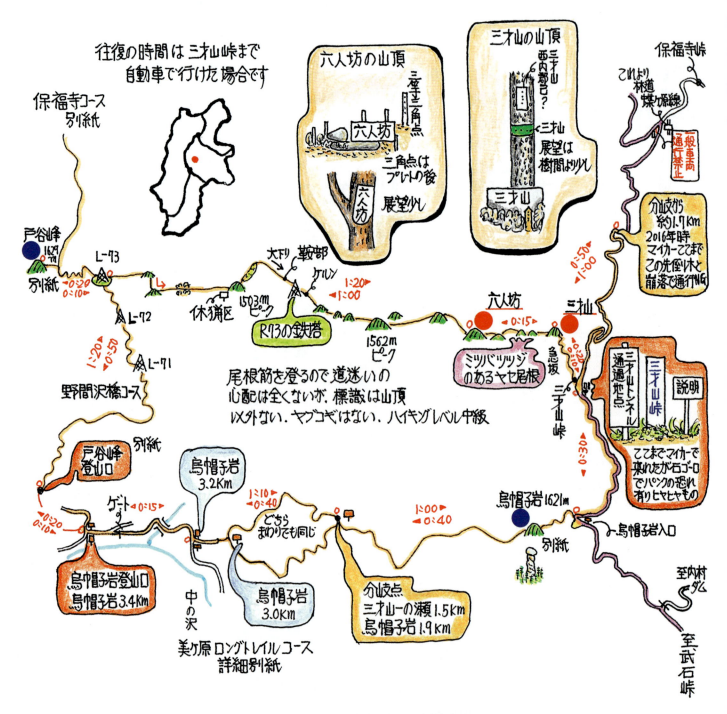

登山レベル中級者　健脚者向き周遊推奨コース
周遊総時間　約6時間

帯所橋駐車場～戸谷峰登山口～L73の鉄塔～戸谷峰～L73の鉄塔～六人坊～三才山～三才山峠～烏帽子岩入口～烏帽子岩～一の瀬烏帽子岩登山口～帯所橋駐車場

77 一条ヶ峰　いちじょうがみね／821m／往復1時間5分
松本市と安曇野市の境の山

78 稲倉城跡　しなぐらじょうせき／1000m／往復35分
松本市に有る山

善光寺西街道…馬飼峠（うまかいとうげ）と稲倉峠（しなぐらとうげ）のハイキングコース

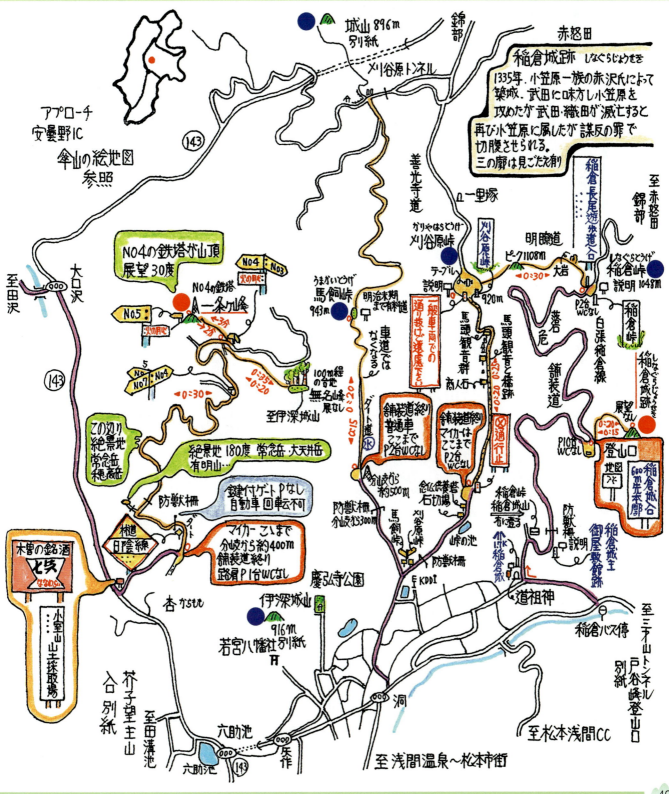

79 荒神尾城跡 あらかみおじょうせき／995m／往復40分

別名：七嵐城（ななあらしじょう）
松本市に有る山

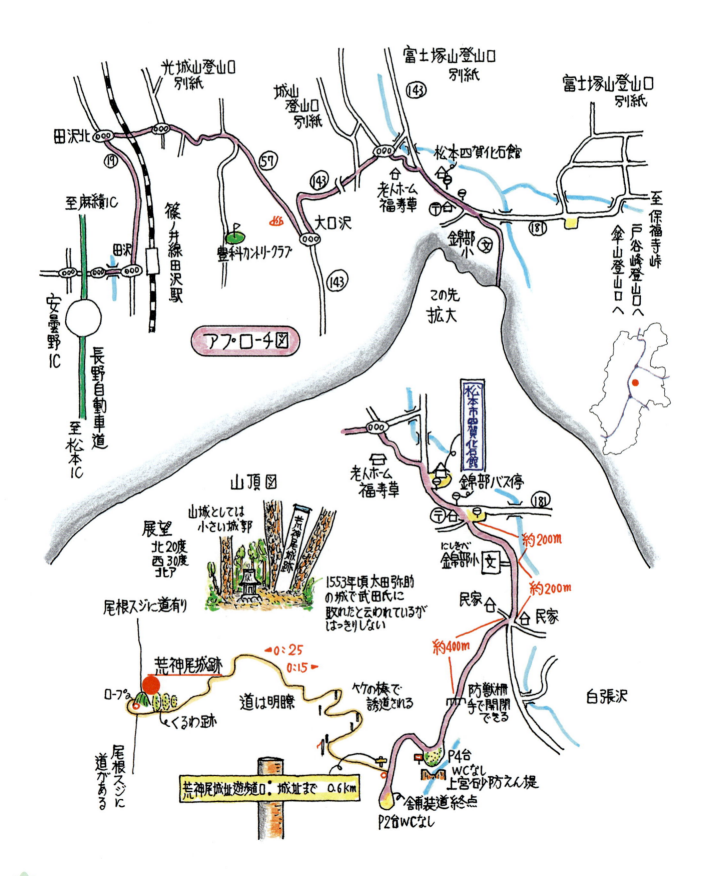

80 安曇野市の上ノ山　うえのやま／841m／往復10分
安曇野市に有る山

81 松本市刈谷原の城山　じょうやま／896m／往復30分
別名：鷹巣根城跡（たかすねじょうせき）又は刈谷原城跡（かりやはらじょうせき）
松本市に有る山

武田信玄VS村上義清の古戦場：小笠原長時が武田氏に敗れ林城から逃亡して3年後の1553年の頃、武田軍が村上軍の本拠地に最後の攻撃をかけるべく進軍した際、上田方面に出ようとすればどうしてもこの城を通らなければならぬ位置に有る。小笠原系の太田資忠（おおたすけただ）が防戦したが、多勢に無勢城は3日で陥落した。

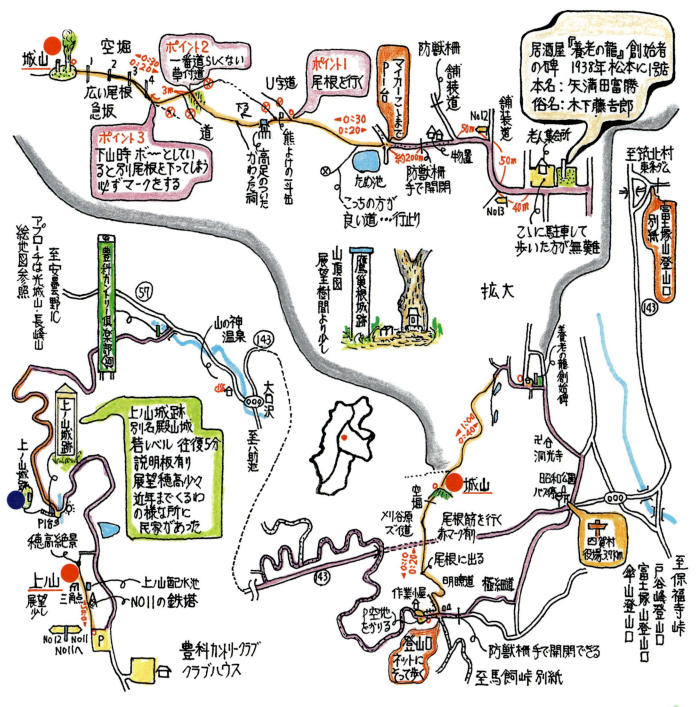

82 富士塚山 ふじつかやま／931m／往復1時間5分
松本市に有る山

地元では天狗山・富士塚桜公園とも言う。地理院地図には載っていない山。

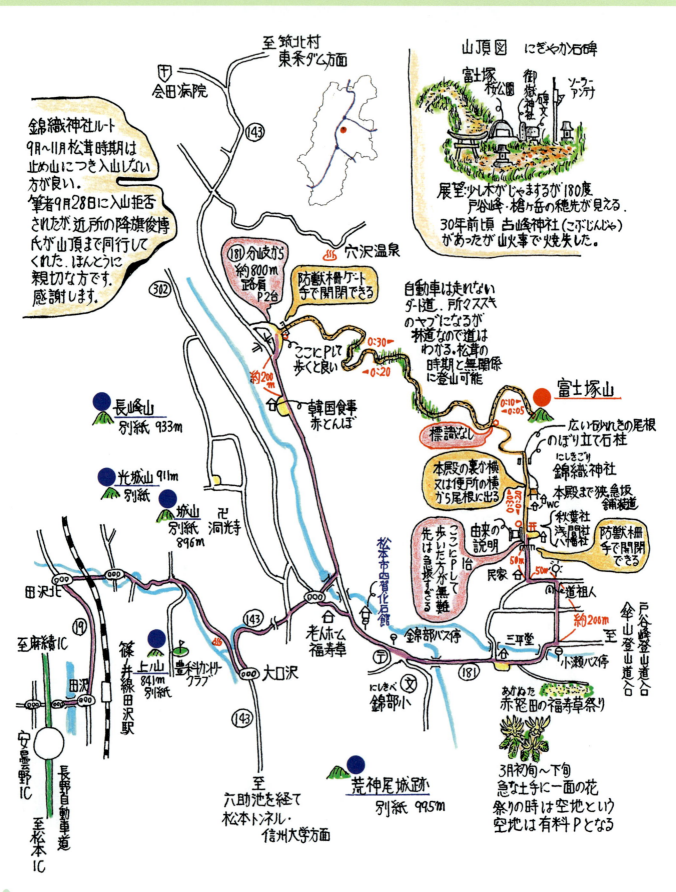

83 松本市の傘山　からかさやま／1125m／往復25分
松本市に有る山

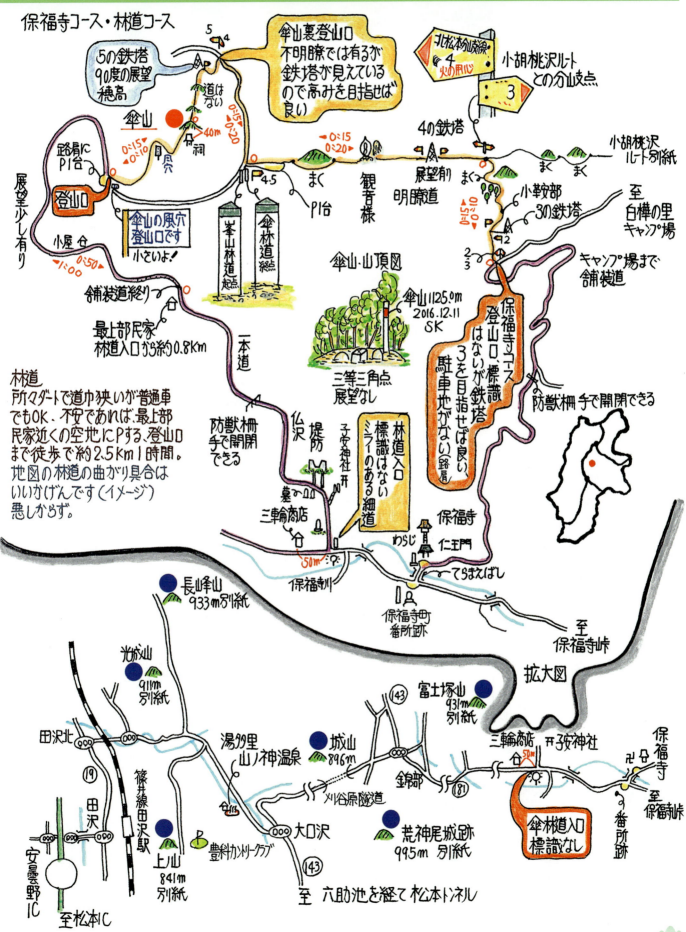

	83	松本市の**傘山** からかさやま／1125m／往復3時間5分
	84	松本市の**四阿屋山** あずまやさん／980m／往復30分

以上は、松本市に有る山

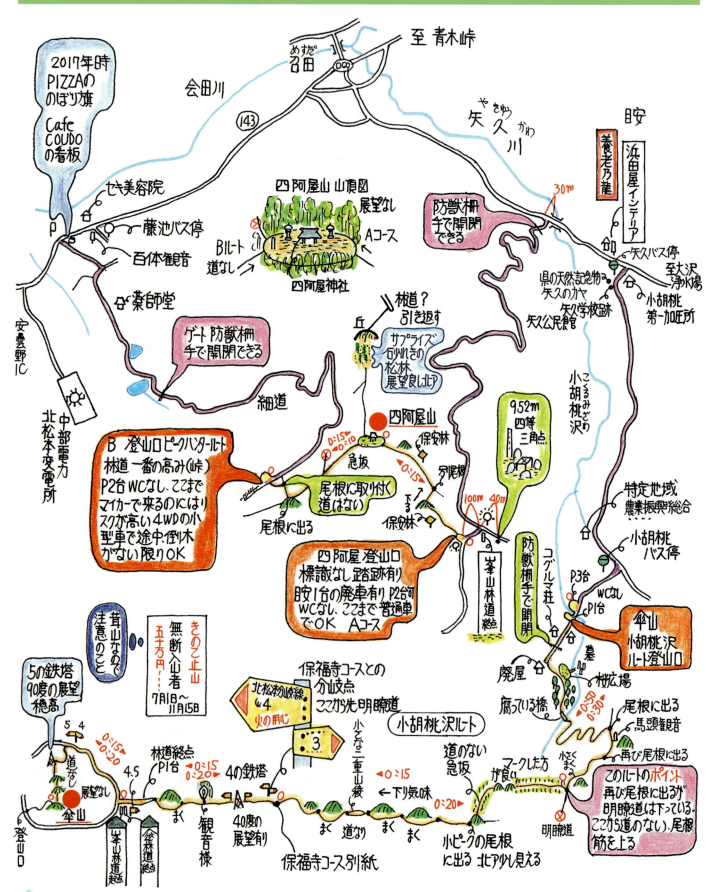

85 橋ノ小屋跡 はしのこやあと／1145m／往復50分
86 入山 いりやま／1626m／往復50分
以上は、松本市に有る山

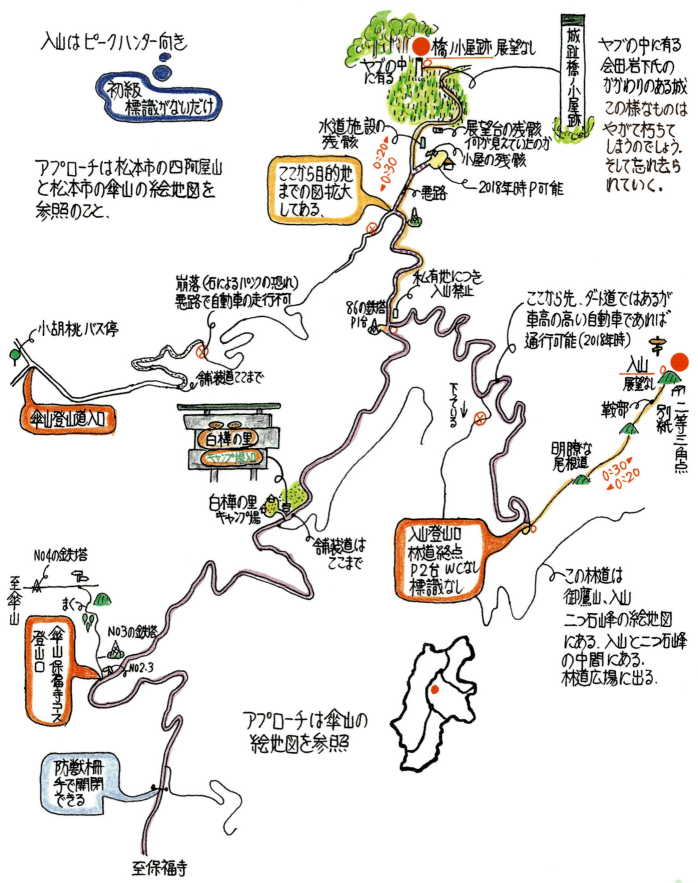

87 中ノ小屋 なかのこや／1070m／往復40分
88 鳥ノ城物見 とりのしろものみ／1327m／往復1時間

以上は、松本市に有る山

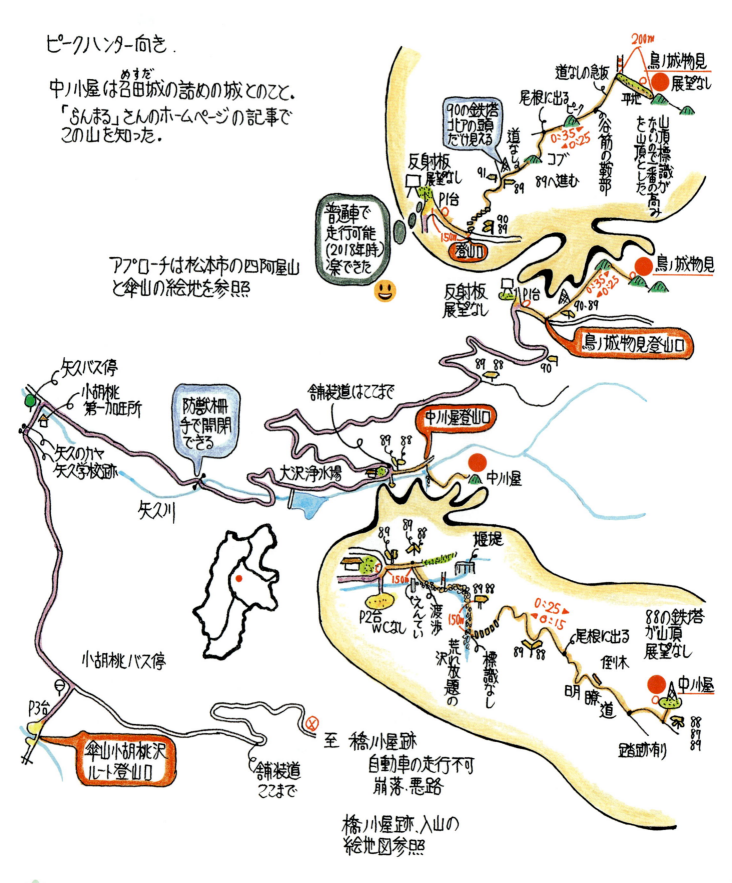

89 松本市の**大洞山** おおほらさん／1316m／往復1時間55分
松本市と筑北村の境の山

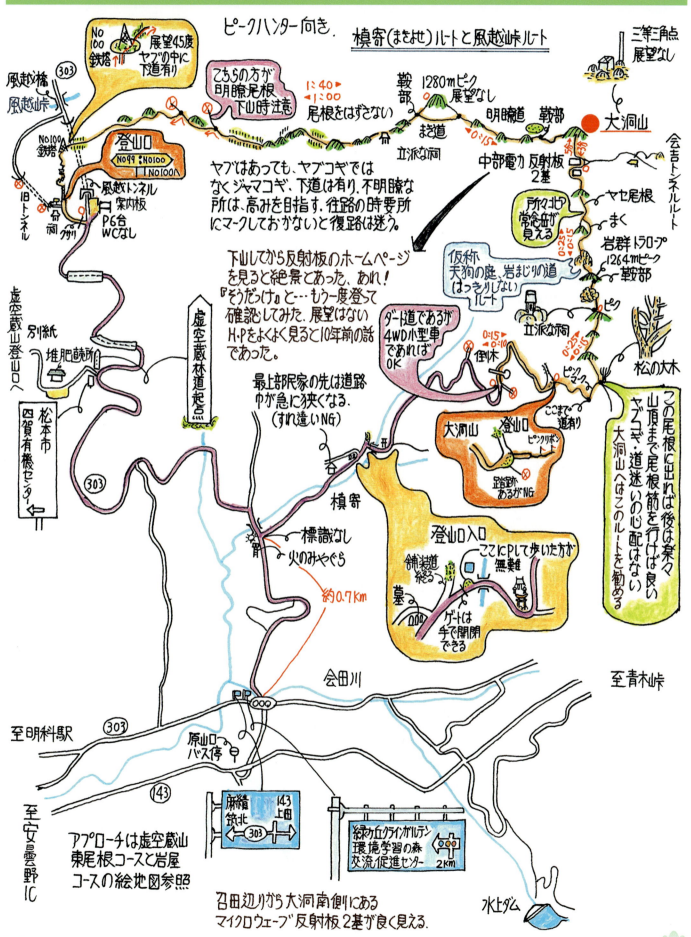

89 松本市の大洞山　おおほらさん／1316m／往復4時間5分
松本市と筑北村の境の山

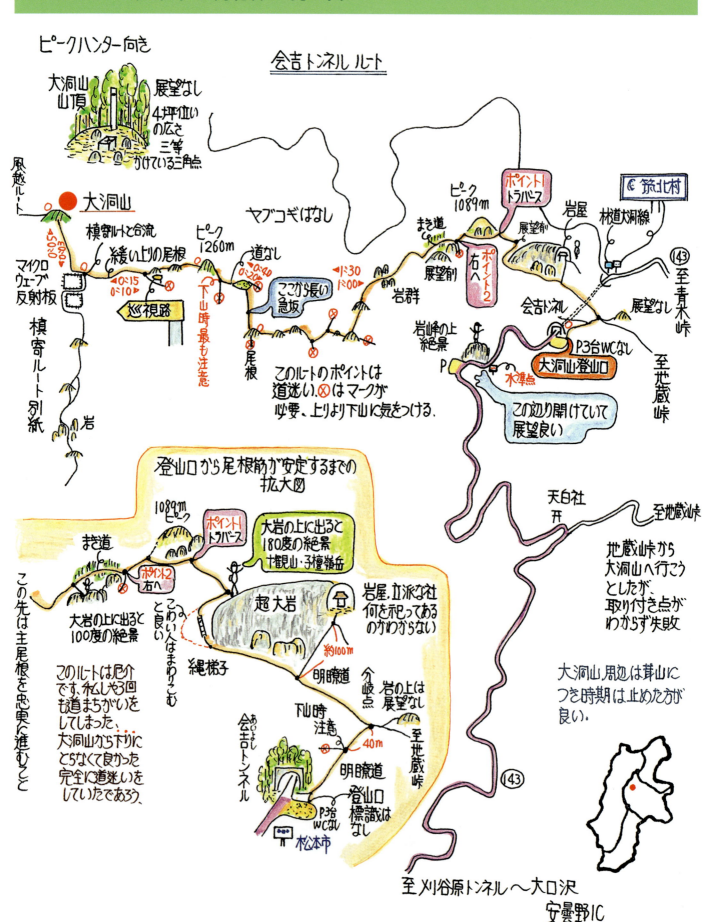

90 松本市の虚空蔵山　こくぞうさん／1139m／往復1時間20分
松本市と筑北村の境の山

別名：会田富士・虚空蔵山城・会田城・蜂の城・蜂の砦。
日本には虚空蔵山の同名が28山あるそうですが、その内信州には5山ある。
上杉系の豪族会田小次郎幸継の山城、武田氏侵攻の1540年頃、武田氏に降った。
武田氏滅亡後、1582年頃深志城の信濃守護職小笠原定慶に滅ぼされた。

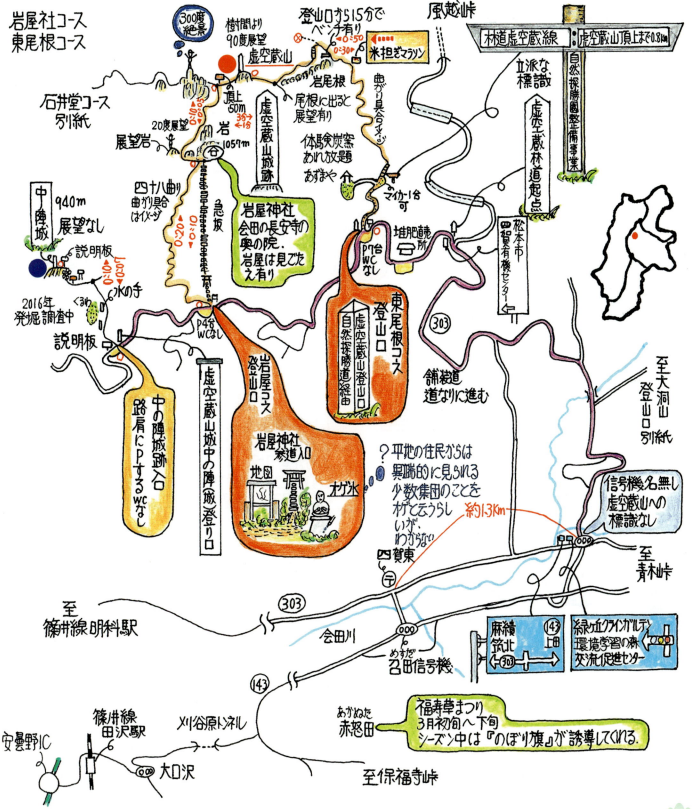

90 松本市の**虚空蔵山** こくぞうさん／1139m／往復1時間20分
松本市と筑北村の境の山

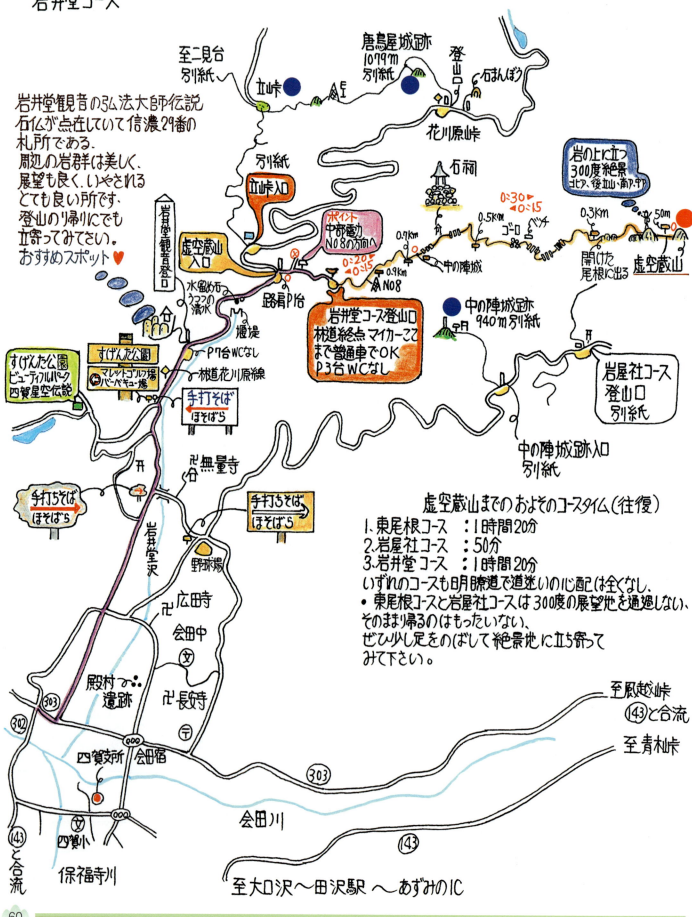

91 唐鳥屋城跡 からとやじょうせき／1079m／往復35分
92 二見台 ふたみだい／921m／往復2時間25分

以上は、松本市と筑北村の境の山

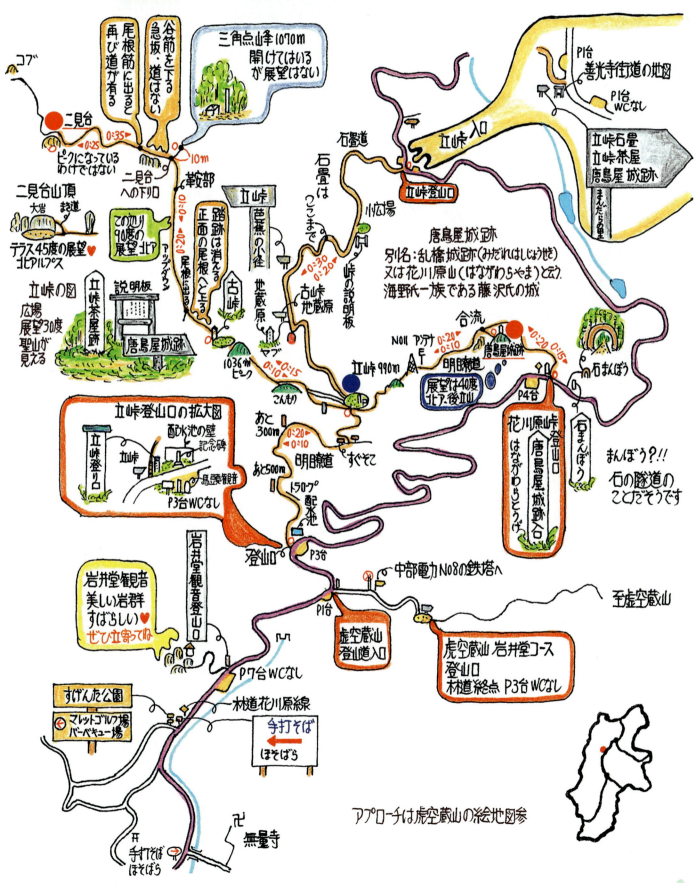

92 二見台 ふたみだい／921m／往復2時間
松本市と筑北村の境の山

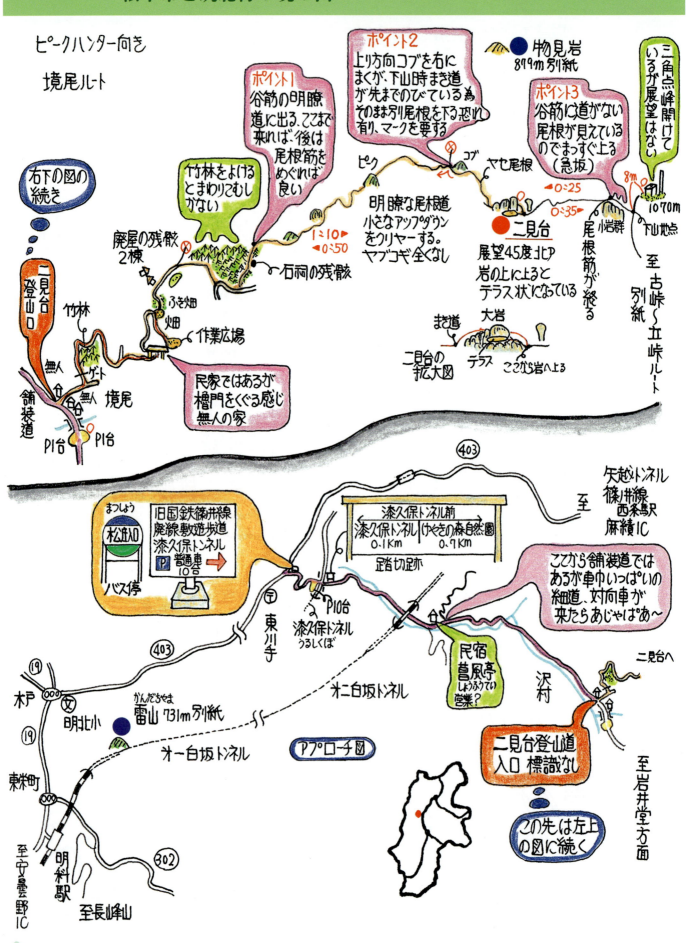

93 物見岩 ものみいわ／879m／往復50分
安曇野市と筑北村の境の山

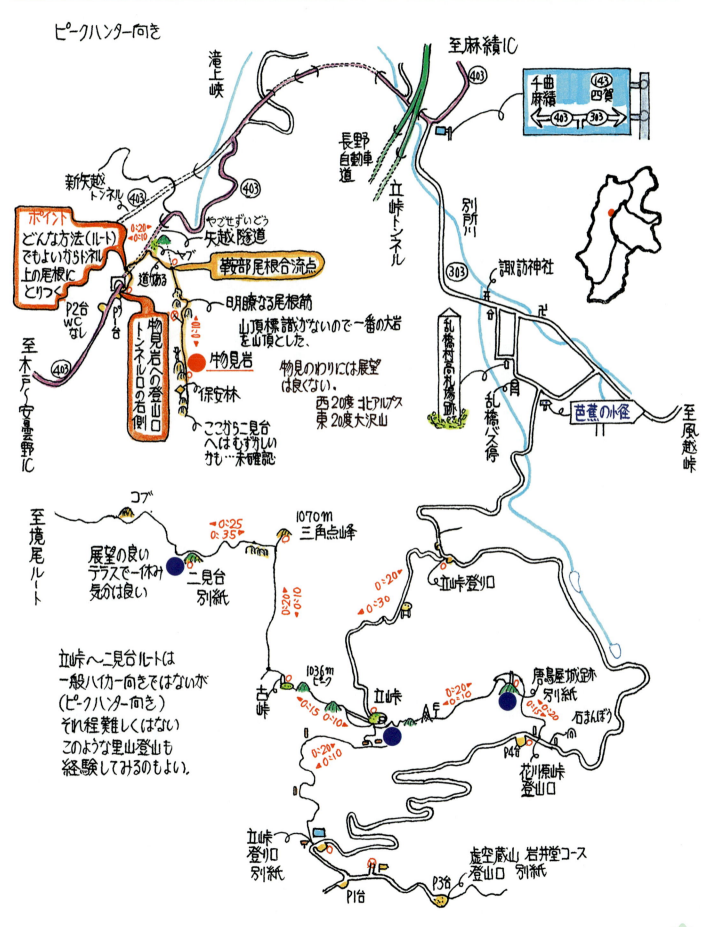

94 角蔵山 かくぞうやま／1163m／往復1時間10分
安曇野市に有る山

三郷スカイライン319号線から林道大野沢線のコースが楽で早い。

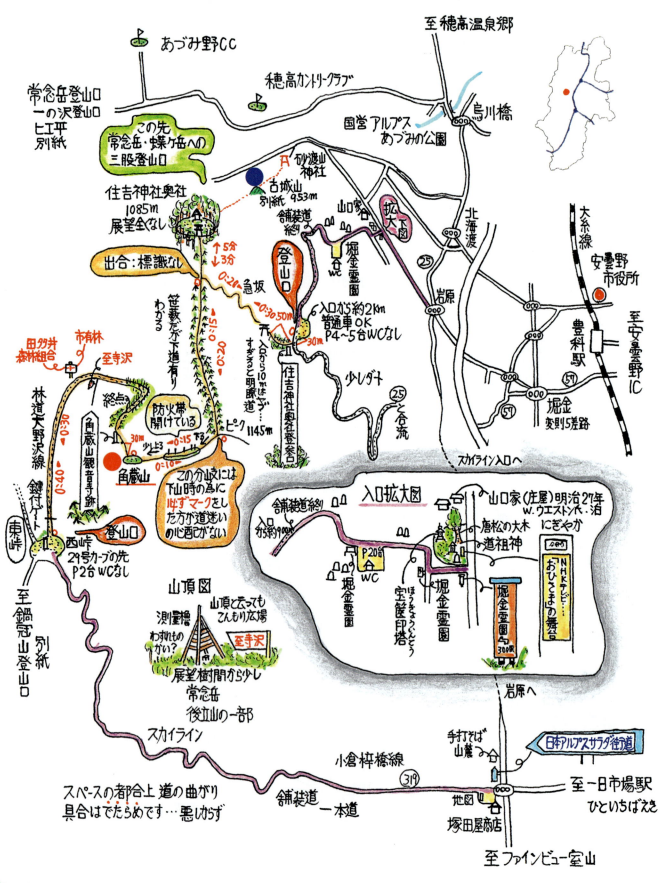

95 古城山 こじょうやま／953m／往復1時間10分
別名：岩原城跡
安曇野市に有る山

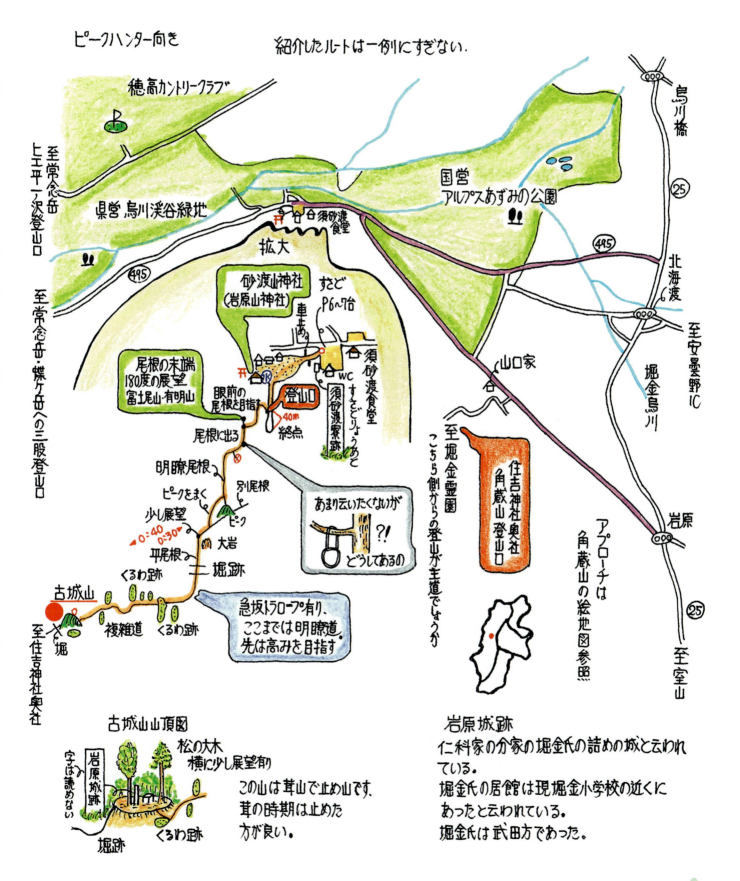

96 浅川山 あさかわやま／1742m／往復30分
安曇野市に有る山

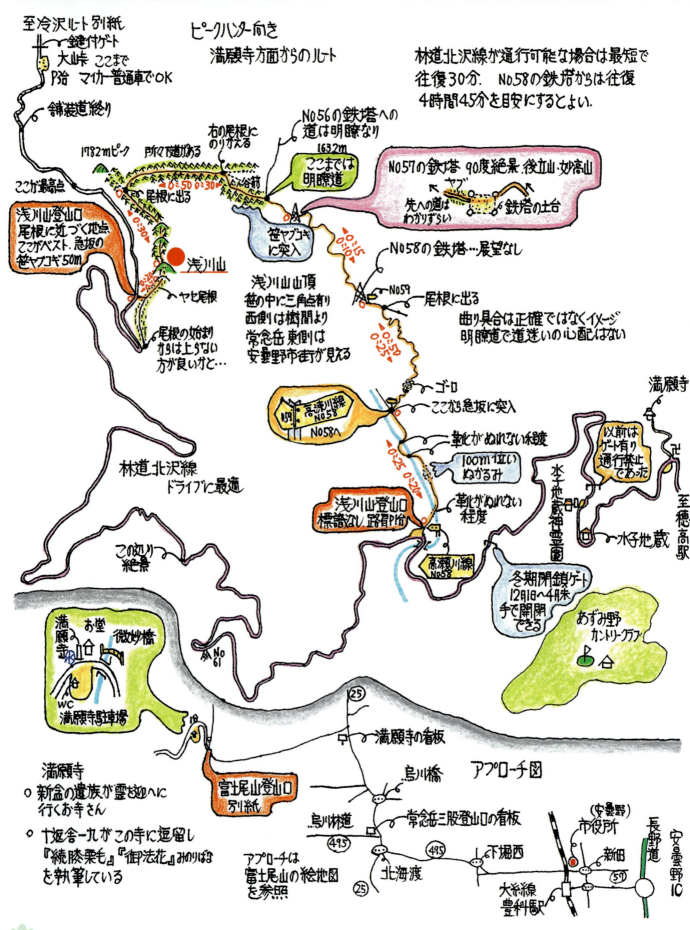

96 浅川山 あさかわやま／1742m／往復5時間50分
安曇野市に有る山

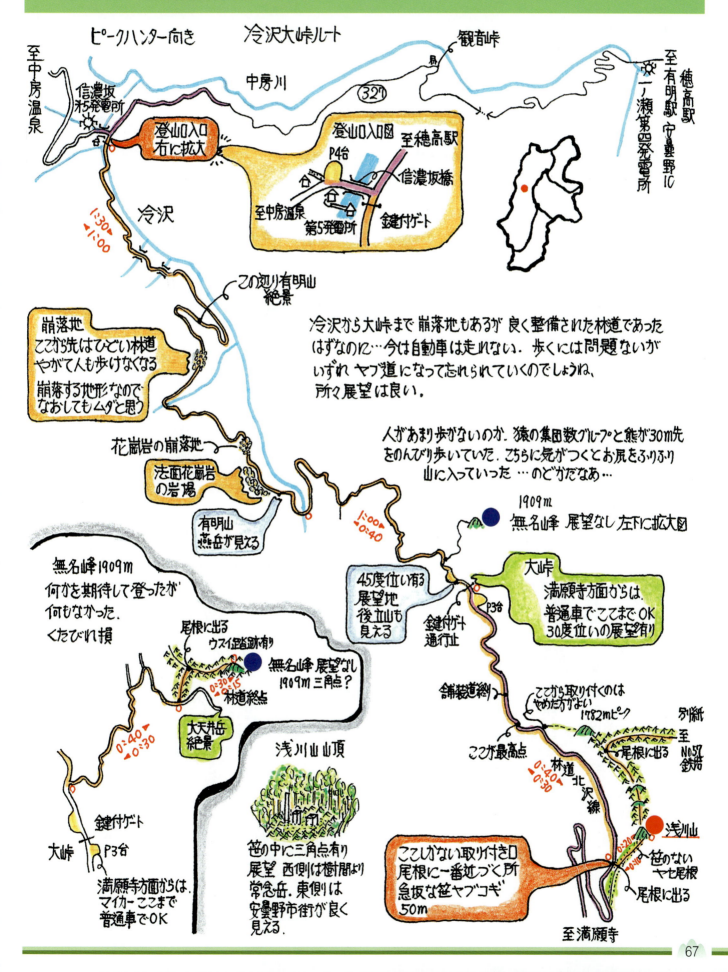

97 有明山 ありあけやま／2268m／往復7時間
安曇野市に有る山
別名：信濃富士又は安曇富士

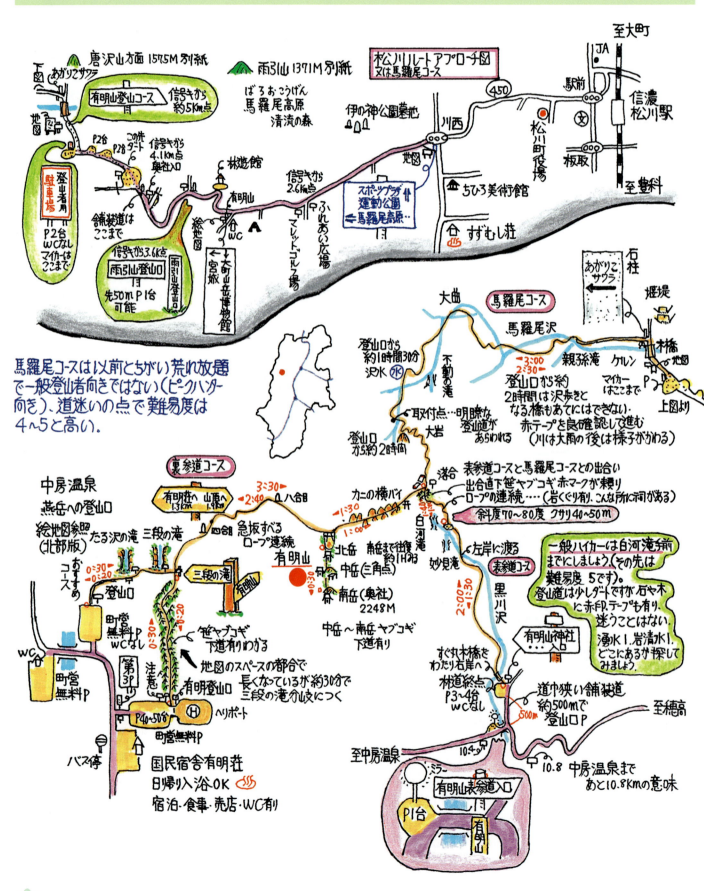

98 仮称 天満山　てんまんやま／1052m／往復6時間30分
99 仮称 松尾寺山　まつおじやま／864m／往復1時間40分

以上は、安曇野市に有る山

ピークハンター向き

紹介したルートは一例にすぎません。
鐘の鳴る丘集会所
NHKラジオドラマ「鐘の鳴る丘」の舞台となった地。
昭和22年から600回放送された主題歌「とんがり帽子」
♪緑の丘の赤い屋根　とんがり帽子の時計台
鐘が鳴りますキンコンカン　メーメー小山羊も
ないてます…♪。
　下山した3時頃この曲のオルゴール
が鳴り懐かしかった。

100 富士尾山 ふじおさん／1296m／往復2時間50分
安曇野市に有る山

松茸山なのでその時期の登山は、コースを外さぬよう注意のこと。

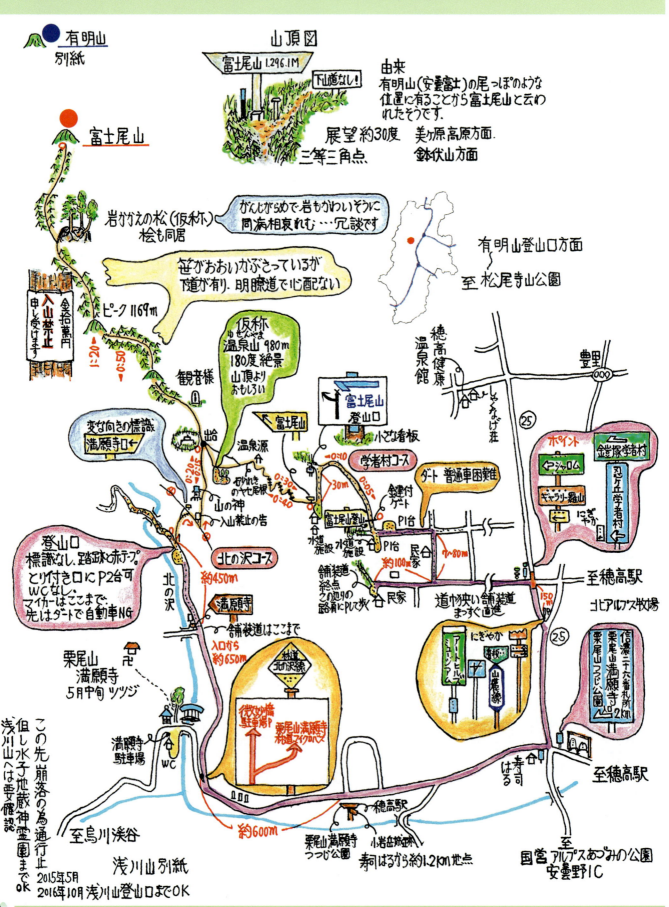

101 光城山 ひかるじょうやま／911m／往復15分
102 長峰山 ながみねやま／933m／往復10分
以上は、安曇野市に有る山

いずれも山頂まで自動車で行けます。

[光城山]

桜の名所で4月初旬〜中旬（桜が咲く）頃は、登山口からハイキングをお勧め。
立派な山城跡…戦国時代、海野（うんの）氏一族、光之六郎幸元によって築城された…。
1553年武田晴信の松本平侵攻の時武田氏に敗れ、1582年松本城主小笠原貞慶によって修復された。

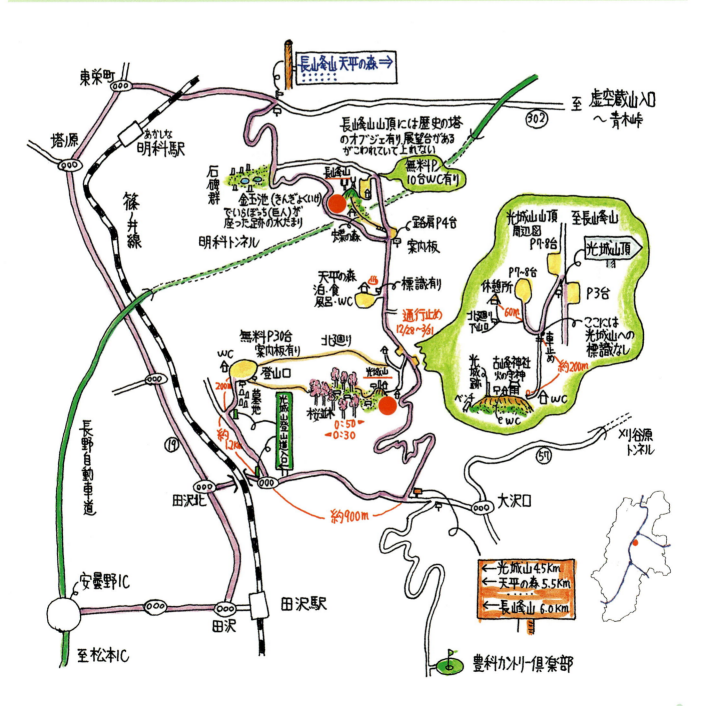

103 押野山 おしのやま／695m／往復0
104 雷山 かんだちやま／731m／往復1時間

以上は、安曇野市に有る山

ピークハンター向き

雷山の別名は らいざん・いかずちやま・かみなりやまであるが、地理院地図ではかんだちやまと記してある。人によるが二度は登りたくない

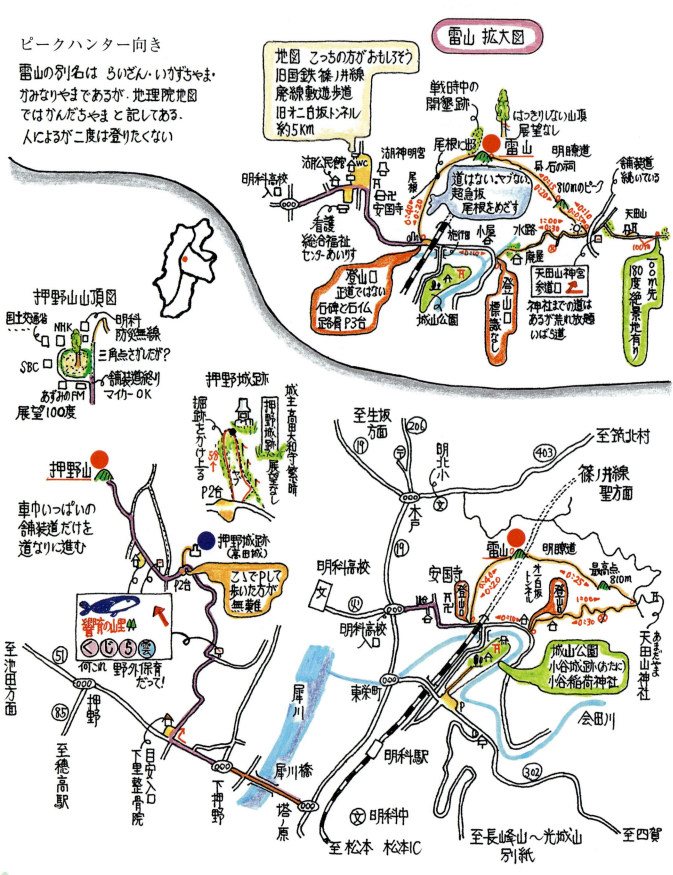

105 お天狗様山　おてんごさまやま／859m／往復40分
安曇野市に有る山

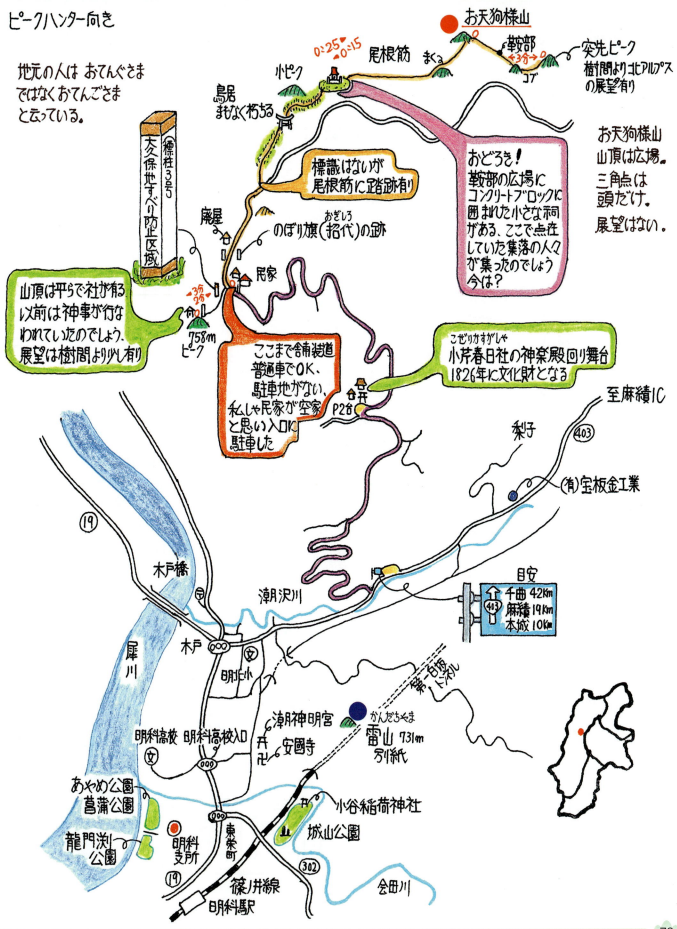

106 岩洲公園　いわすこうえん／906m／往復1時間5分
安曇野市と生坂村の境の山

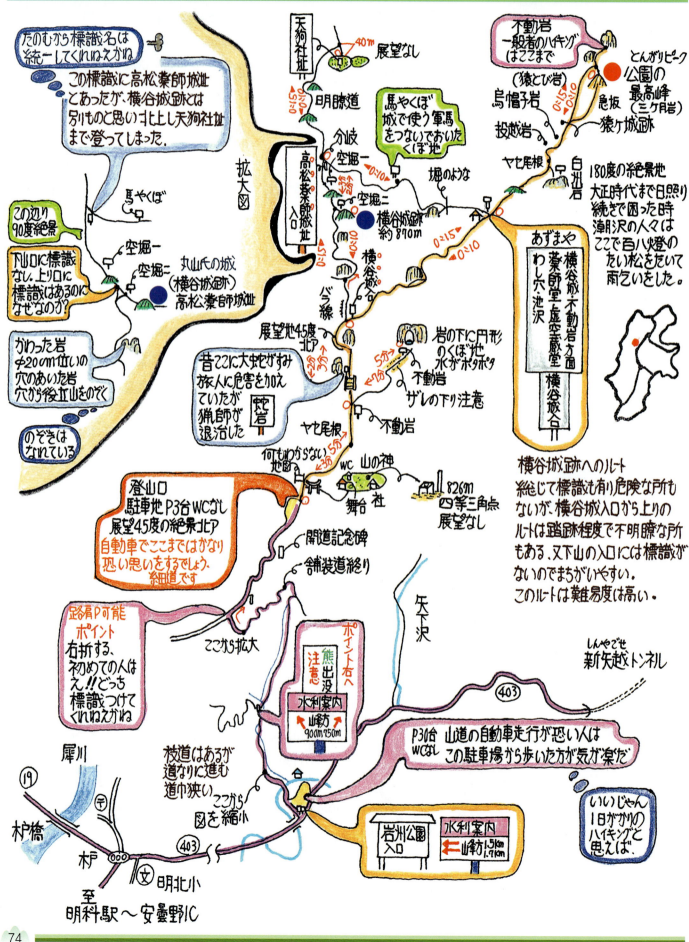

107 筑北村の岩殿山　いわどのさん／1007m／往復3時間
筑北村と生坂村の境の山

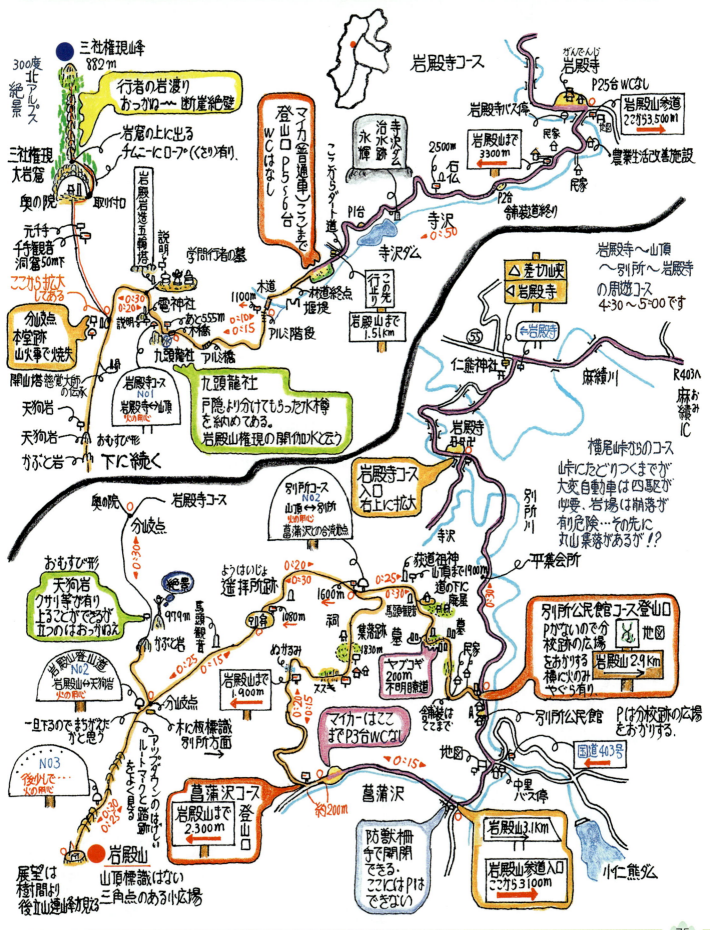

108 京ヶ倉　きょうがくら／990m／往復1時間30分
109 大城　おおじょう／980m／往復1時間40分
以上は、生坂村に有る山

最適な里山ハイキング
　分岐には必ず標識が有り道迷いの心配は全く無し。
　バリエーションルート：ある岳人から『京ヶ倉へは丸山集落の子供達が生坂の学校に通学したと言う道を行く』とお手紙を頂き、早速行ってみた。およそ登山道とは思えない厳しい道で、最後のトラロープから道を見失い尾根に取り付き岩をまきながら進めるだけ行ってみた。こんな処を子供達が歩ける訳は無い…道を間違えたらしい、撤退した。
　下山して身支度中、偶然「大城・京ヶ倉を世に出す会」の市川さんにお会いし登山道を聞いてみた…『約10年前に崩落し危険で今はこの道を誰も歩かない、通学に利用していたのは戦前までの話』
　結論：ここから京ヶ倉に行かなくてもいいや。

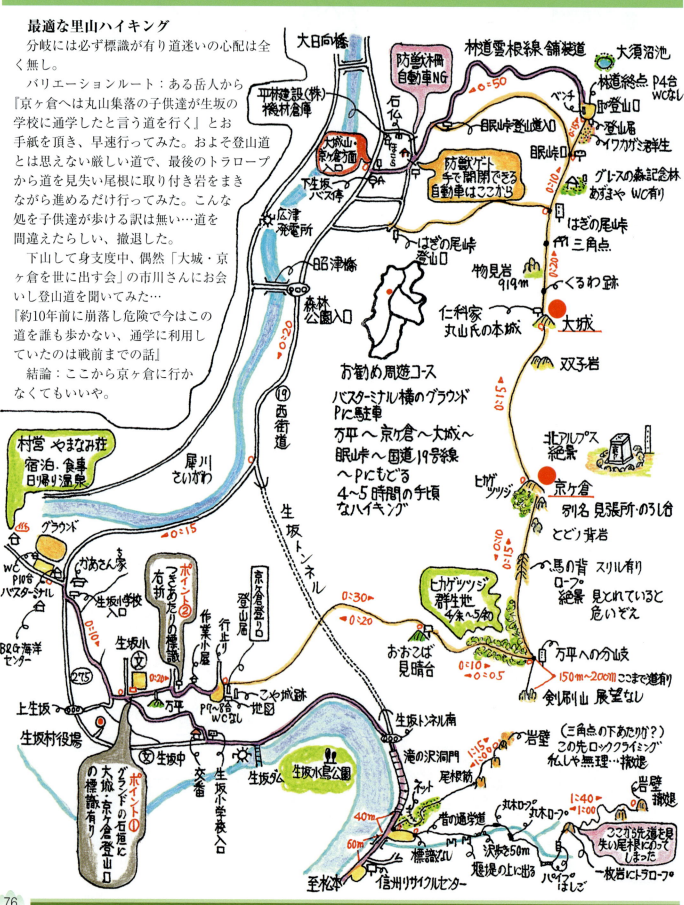

110 金戸山 かなとこやま／766m／往復2時間
生坂村に有る山

別名：金戸山城跡…仁科一族の宇留賀氏の砦、川中島の合戦で敗れ井口と改名したと言われている。
山頂の展望は全くないが、奇岩や観音様があり、笑顔がこぼれる山、楽しい山。

111 たら原山　たららやま／1392m／山頂まで自動車
長野市に有る山

112 聖山　ひじりやま／1447m／山頂まで自動車
麻績村と長野市の境の山

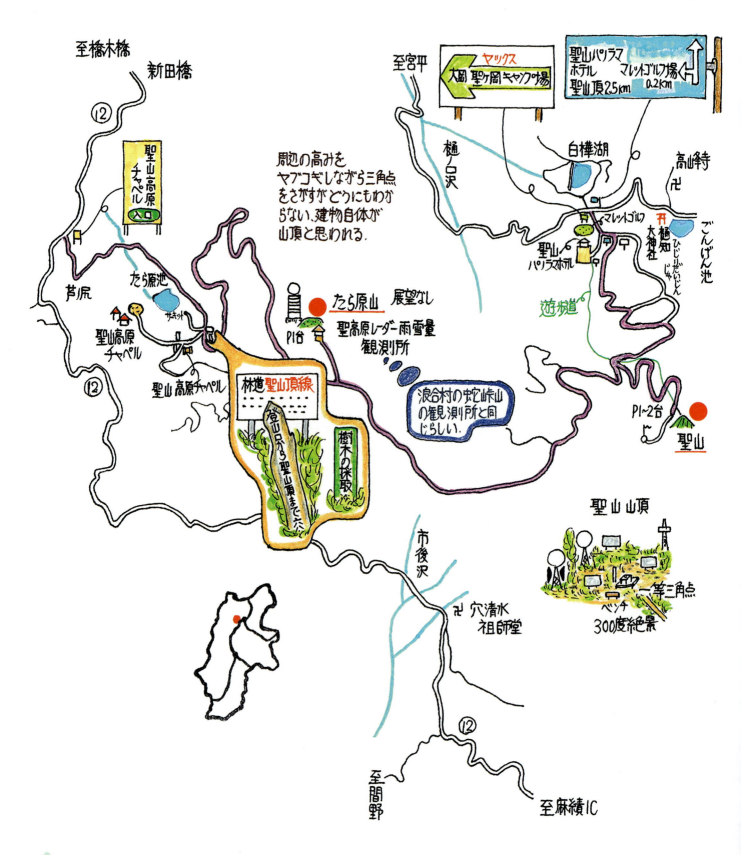

112 聖山 ひじりやま／1447m／往復45分
麻績村と長野市の境の山

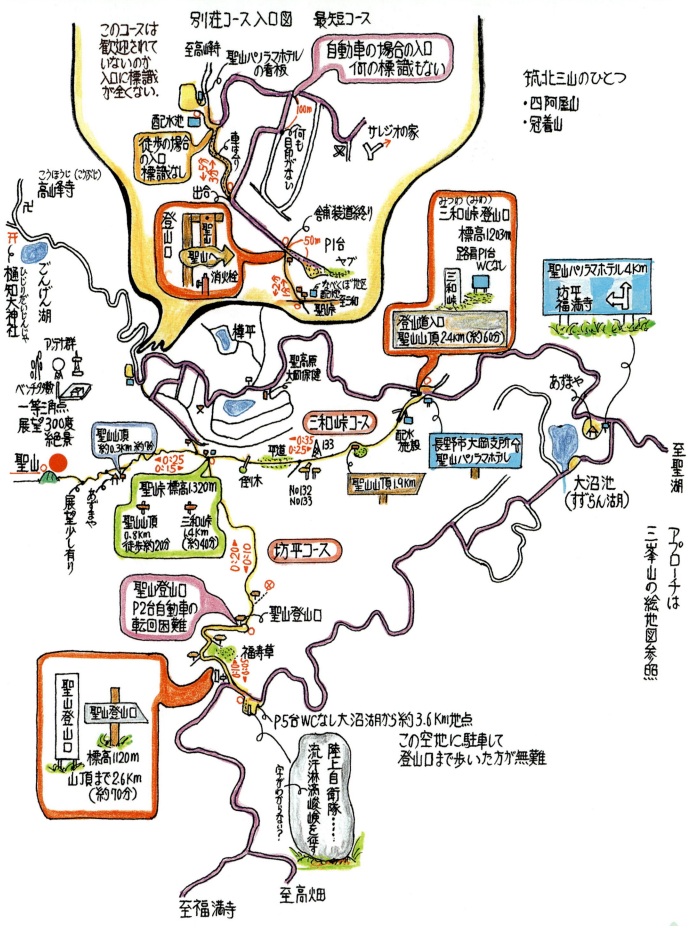

112 聖山 ひじりやま／1447m／往復1時間25分
麻績村と長野市の境の山

113 サテライト山 さてらいとやま／1110m／往復1時間10分
麻績村に有る山

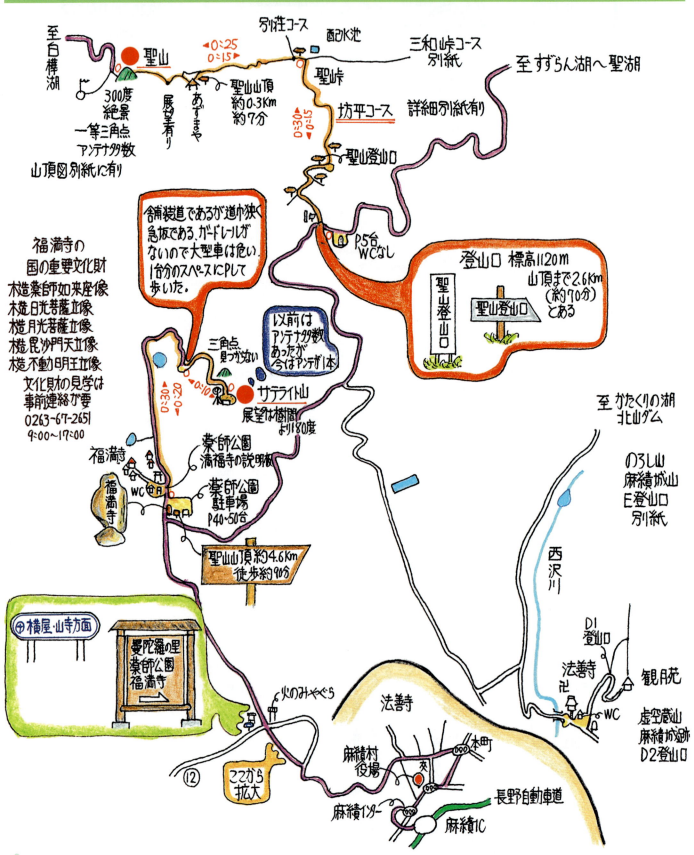

114 麻績村の三峯山 みつみねさん／1131m／周遊45分
麻績村と千曲市の境の山

聖湖コース〜グランドコースの周遊

聖湖〜三峯山とその周辺は、案内地図、看板、標識等
良く整備されている。
遊歩道は明瞭で、入口さえわかれば、何の問題もなく周遊できる。
家族ハイキングに最適である。

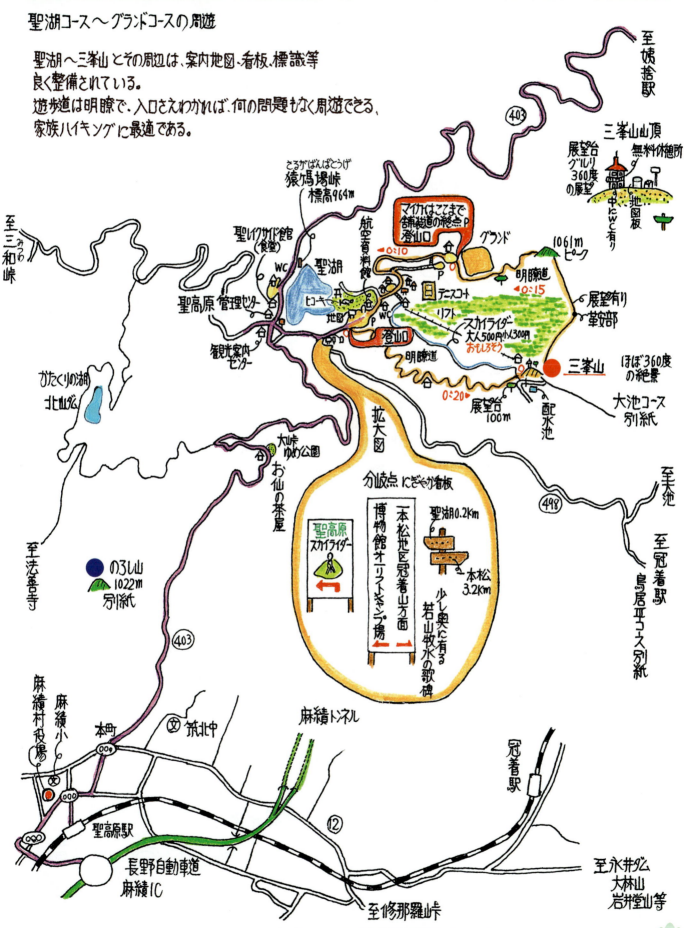

114 麻績村の三峯山 みつみねさん／1131m／往復2時間
麻績村と千曲市の境の山

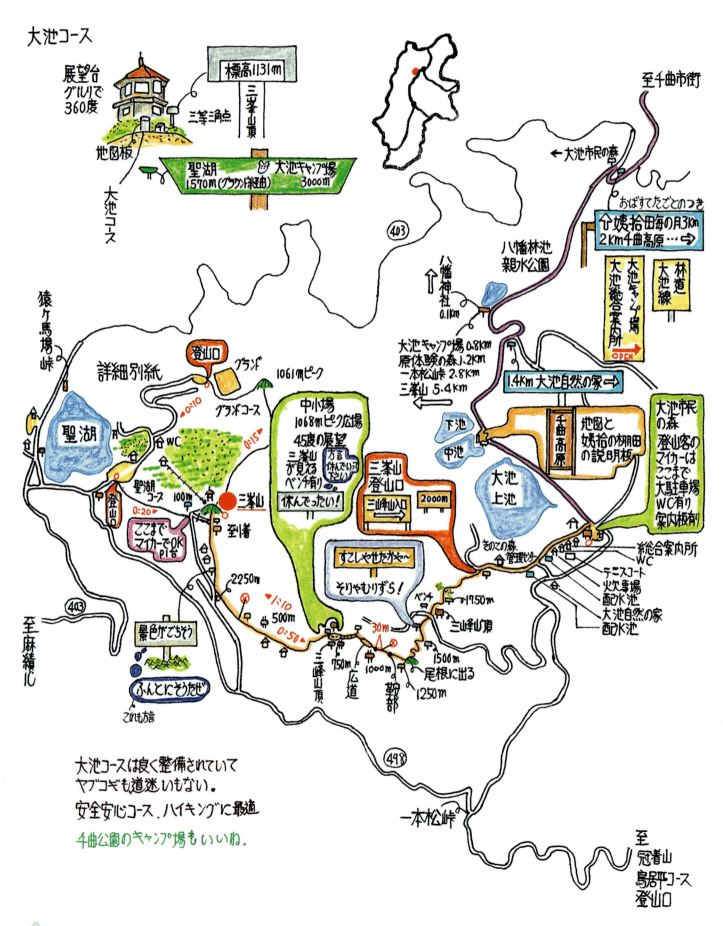

115 麻績城山　おみじょうやま／943m／往復1時間
116 のろし山　のろしやま／1022m／往復1時間30分
以上は、麻績村に有る山

戦国時代服部清信が城主…1553年武田氏と青柳氏が服部氏を追い払った。青柳氏は麻績を名乗りこの城に移った。武田氏滅亡後織田氏が信濃を手に入れたが、織田氏亡き後この地は上杉景勝VS小笠原の争奪の地となり、最終的には小笠原の支配下となる。

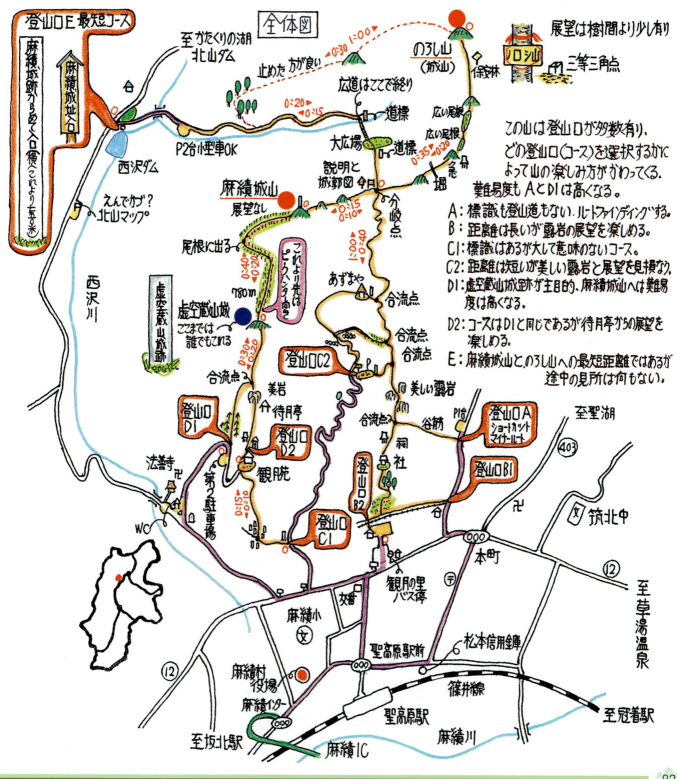

117 矢倉城跡 やぐらじょうせき／728m／往復25分
麻績村に有る山

118 安坂城跡 あざかじょうせき／851m／往復50分
筑北村に有る山

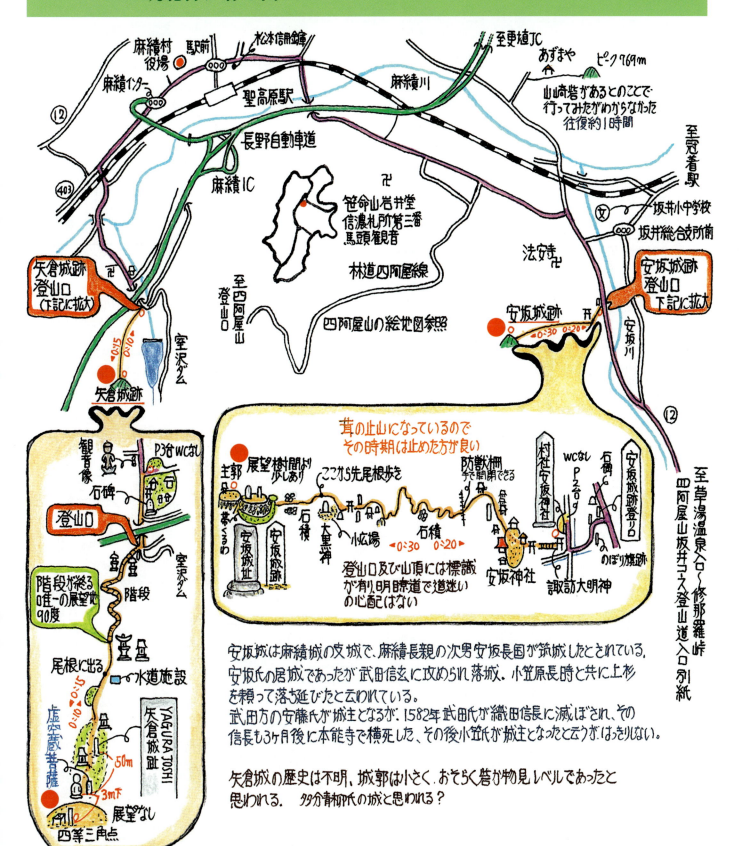

安坂城は麻績城の支城で、麻績長親の次男安坂長国が築城したとされている。安坂氏の居城であったが武田信玄に攻められ落城。小笠原長時と共に上杉を頼って落ち延びたと云われている。
武田方の安藤氏が城主となるが、1582年武田氏が織田信長に滅ぼされ、その信長も3ヶ月後に本能寺で横死した。その後小笠氏が城主となったと云うが、はっきりしない。

矢倉城の歴史は不明、城郭は小さく、おそらく砦か物見レベルであったと思われる。多分青柳氏の城と思われる？

119 筑北村の城山　しろやま／905m／往復20分
別名：青柳城址公園（あおやぎじょうしこうえん）
麻績村と筑北村の境の山

120 竹場城跡　たけばじょうせき／745m／往復55分
別名：鍋山城跡　筑北村に有る山

青柳頼長の城、麻績一族の豪族。小笠原氏に属したが、小笠原が武田氏に敗れると武田氏に従う。1553年第一次川中島合戦では、一時武田晴信も居城した。上杉方に放火され落城。武田氏滅亡後再び小笠原氏に従ったが、1587年深志城（現松本城）にて謀殺され青柳氏は滅亡した。

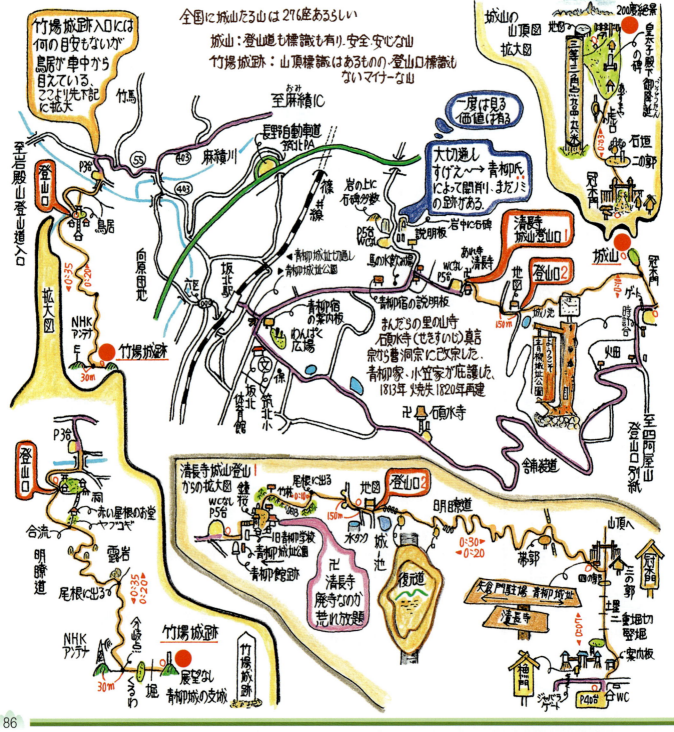

121 粟嶋峰 あわしまほう／720m／往復30分
筑北村に有る山

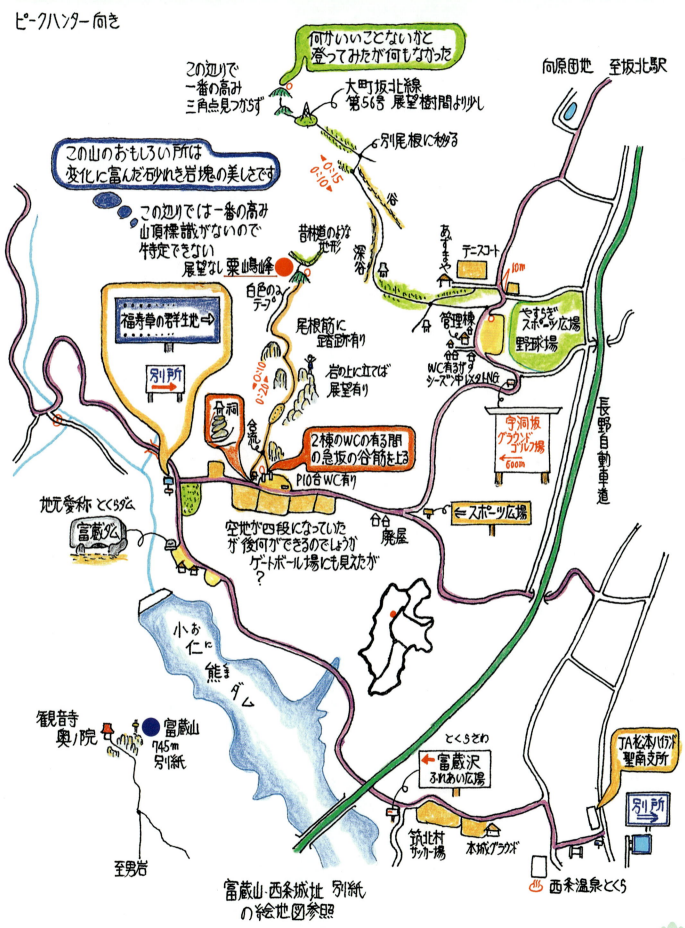

122 富蔵山 とくらさん／745m／往復50分
123 西条城址 にしじょうじょうし／790m／往復30分
別名：小仁熊城址（おにくまじょうし）
以上は、筑北村に有る山

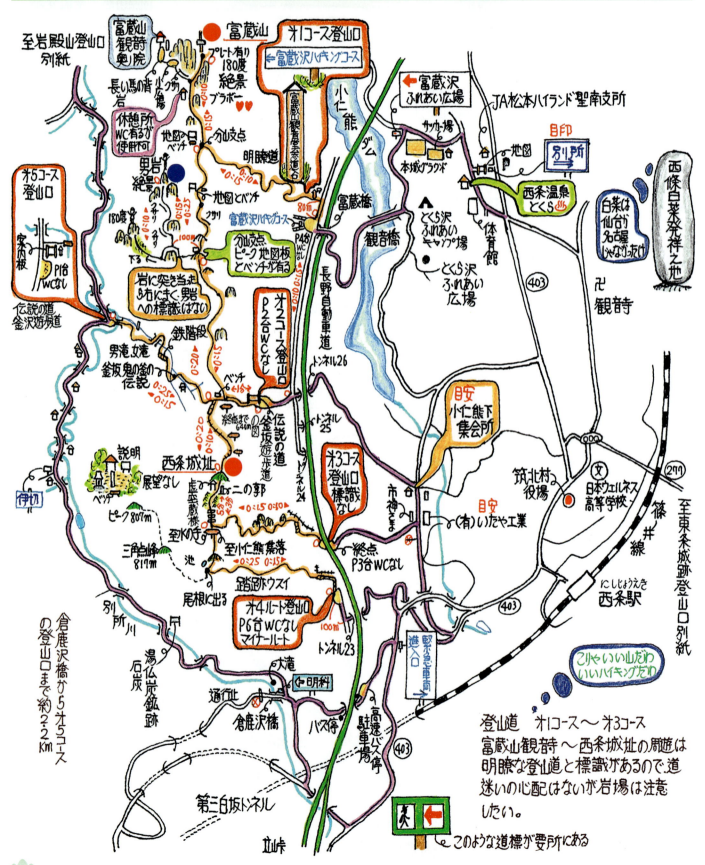

124 東条城跡　ひがしじょうじょうせき／755m／往復40分
筑北村に有る山

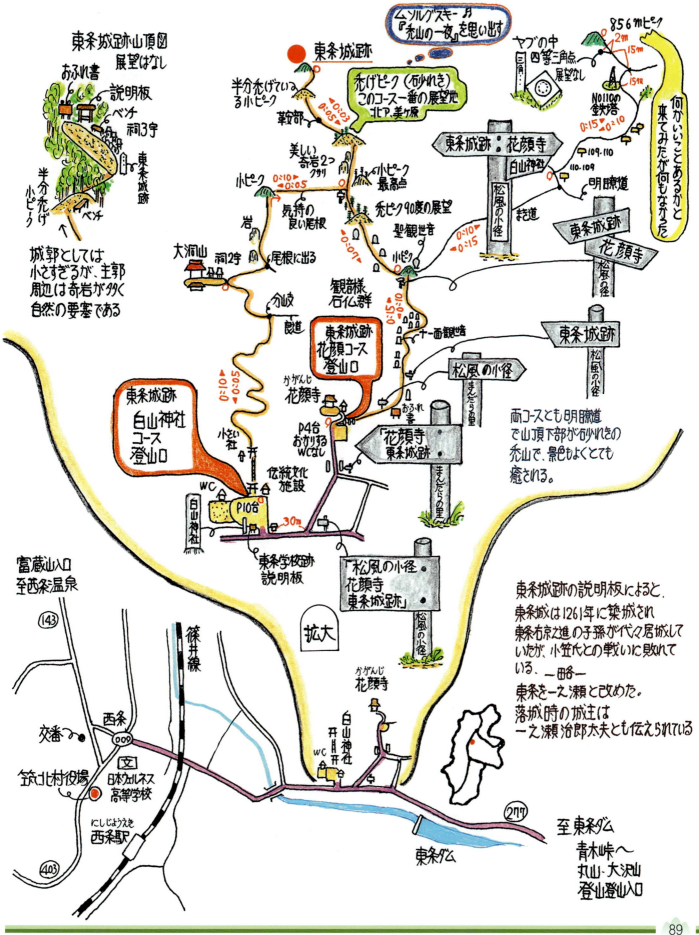

125 筑北村の四阿屋山　あずまやさん／1387m／往復1時間55分
筑北村に有る山

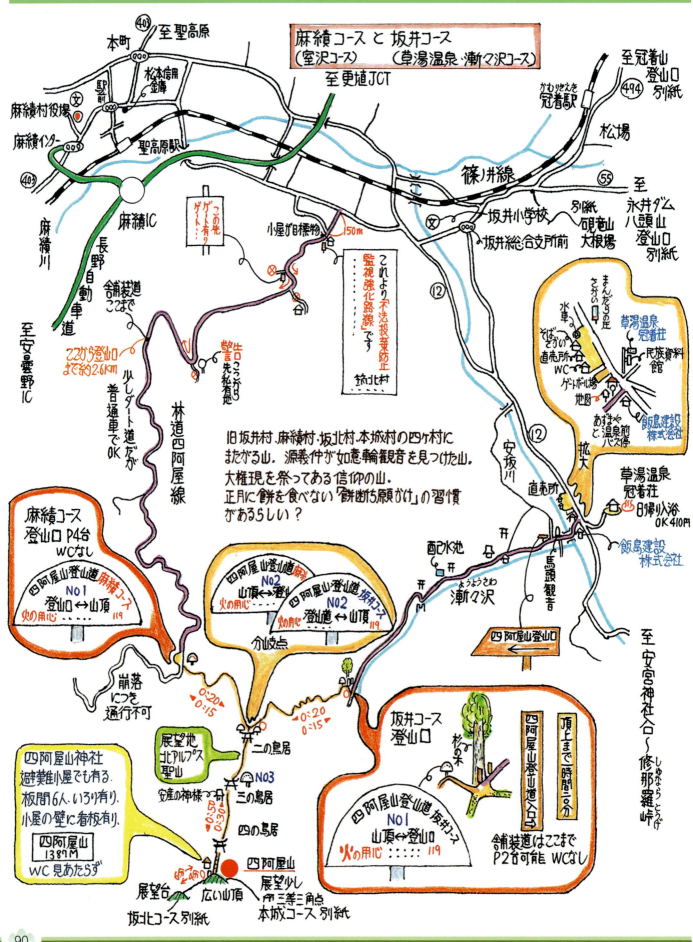

125 筑北村の四阿屋山　あずまやさん／1387m／往復1時間10分
筑北村に有る山

126 硯竜山　すずりゅうやま／918m／往復1時間
正式には硯竜山砦跡と云う。　別名：玉根砦

127 大根場　おおこんば／1084m／往復3時間10分
以上は、筑北村に有る山

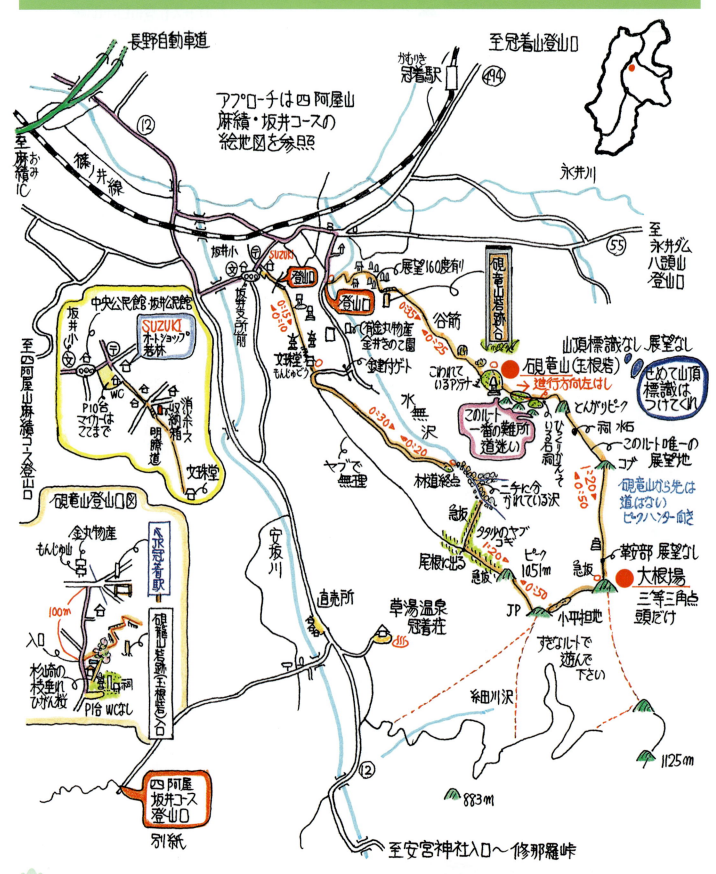

128 筑北村の**大沢山**　おおさわやま／1440m／往復5時間25分
筑北村と青木村の境の山

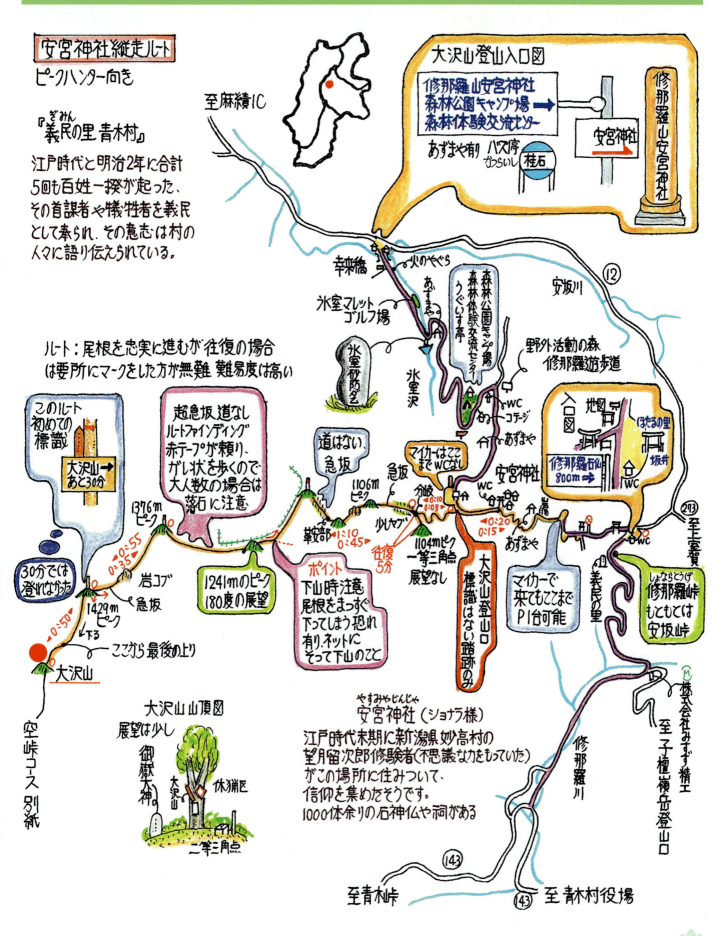

128 筑北村の**大沢山**　おおさわやま／1440m／往復1時間20分
筑北村と青木村の境の山

129 筑北村の**丸山**　まるやま／1201m／往復30分
筑北村に有る山

130 子檀嶺岳 こまゆみだけ／1223m／往復1時間35分

別名：冠者岳（かんじゃだけ）又は冠者城跡
青木村に有る山

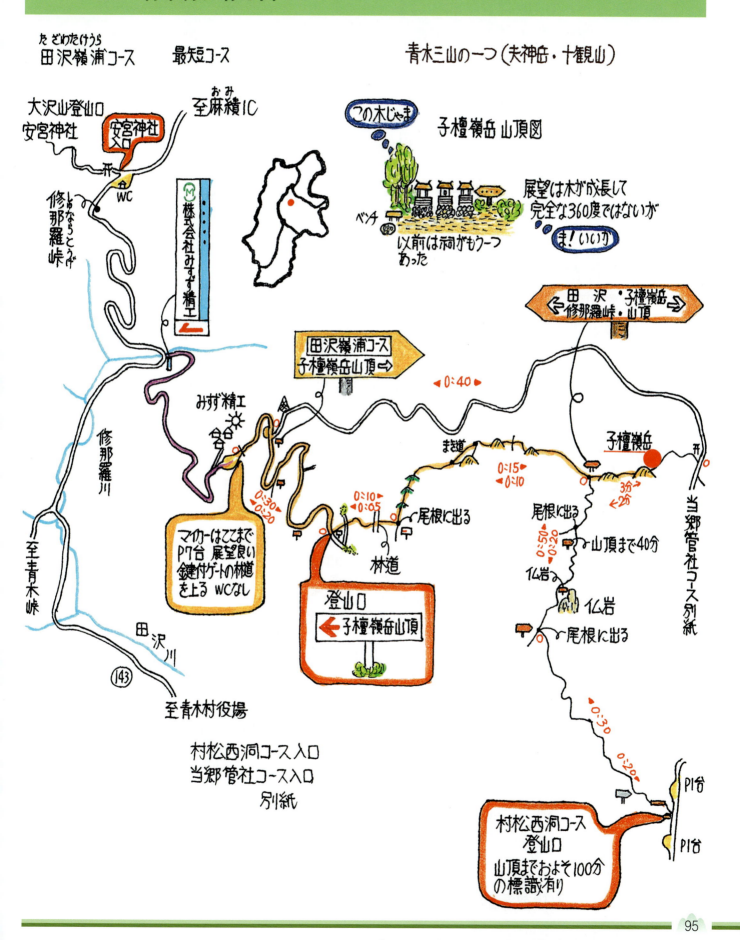

130 子檀嶺岳　こまゆみだけ／1223m／往復2時間10分
青木村に有る山

131 青木村の飯縄山　いいずなさん／932m／往復1時間30分
青木村と上田市の境の山
※正しくはいいづなであるが地理院地図はいいずなとある

130 子檀嶺岳 こまゆみだけ／1223m／往復2時間5分
132 湯坂山 ゆさかやま／812m／往復1時間

以上は、青木村に有る山

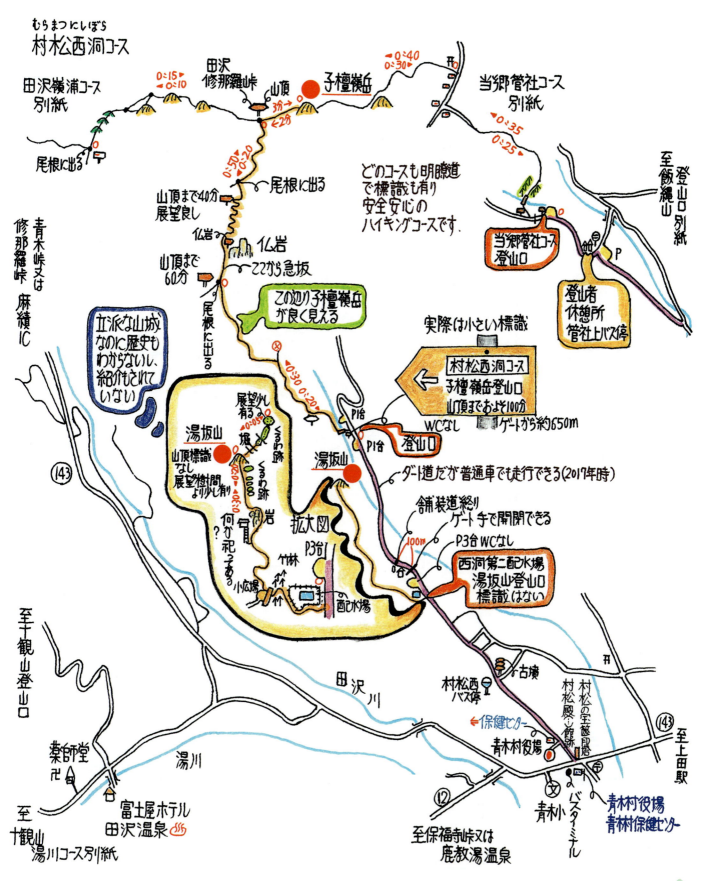

133 十観山 じゅっかんざん／1284m／往復1時間
青木村に有る山

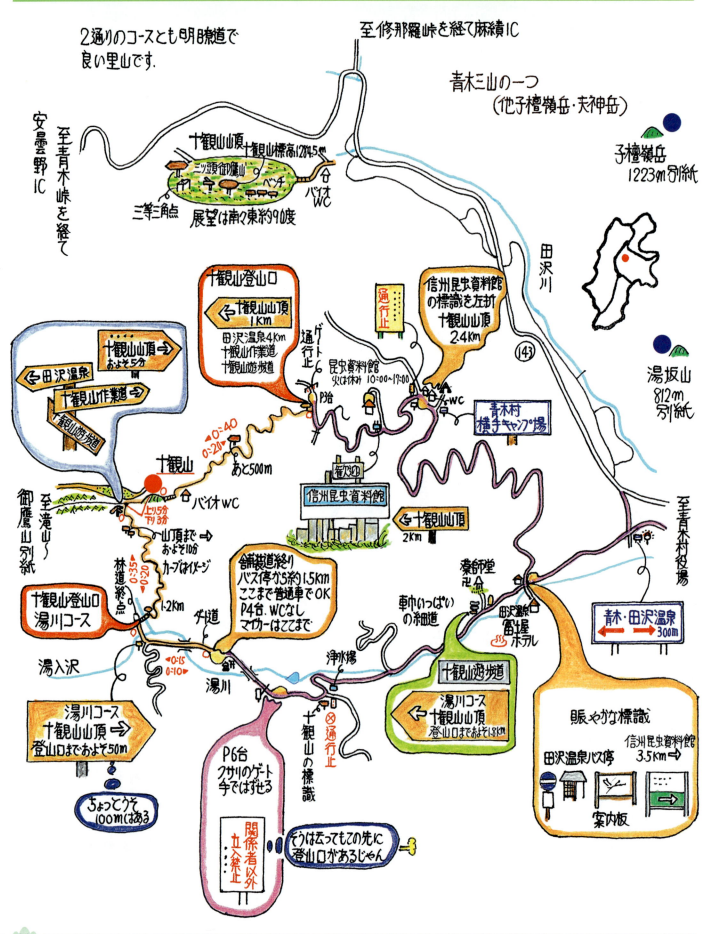

134 滝山　たきやま／1568m／往復3時間30分
135 御鷹山　おたかやま／1623m／往復5時間
以上は、松本市と青木村の境の山

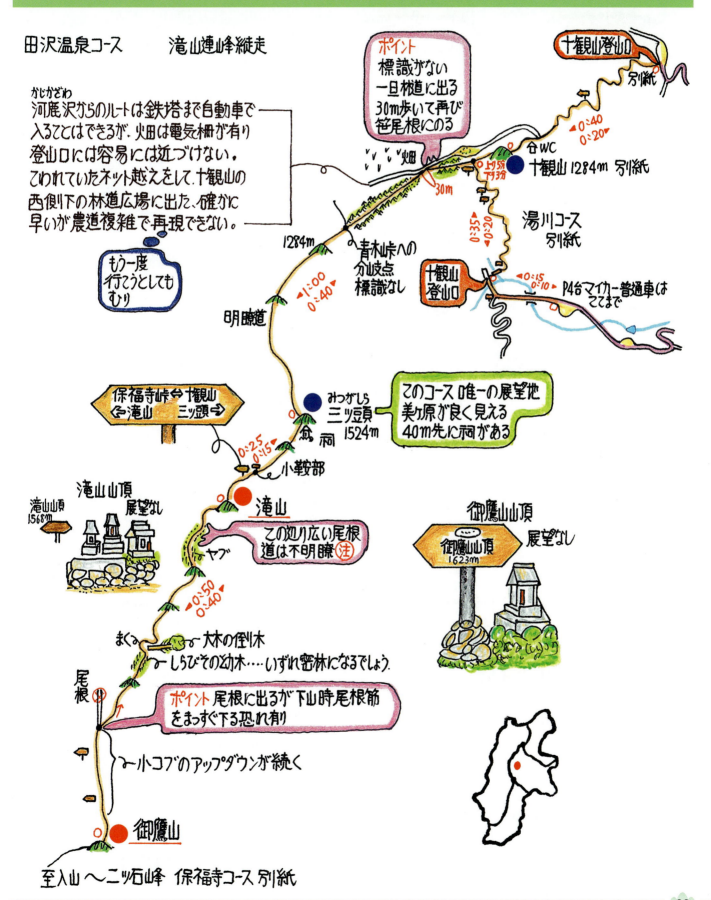

	135	**御鷹山** おたかやま／1623m／往復5時間55分
		松本市と青木村の境の山
	86	**入山** いりやま／1626m／往復4時間15分
	136	**二ッ石峰** ふたついしみね／1563m／往復1時間45分
		以上は、松本市に有る山

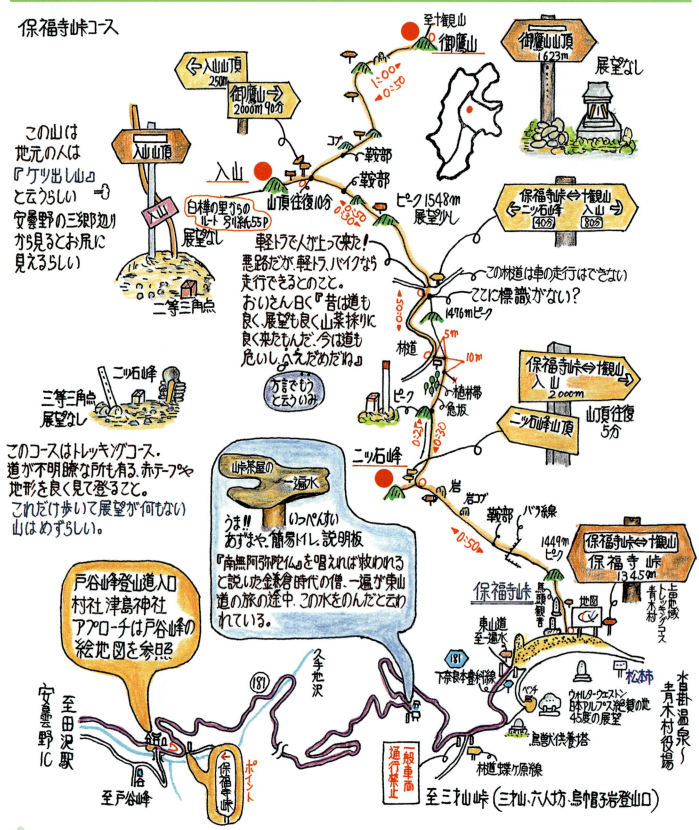

137 青木村の天狗山　てんぐやま／1122m／往復35分
青木村に有る山

138 青木村の大明神岳　だいみょうじんだけ／1232m／往復1時間
上田市と青木村の境の山

139 上田市の東山道 とうさんどう／約1000m／往復3時間10分

保福寺峠から鹿教湯温泉間の一部の『歴史の道里山歩き』
上田市に有る遊歩道

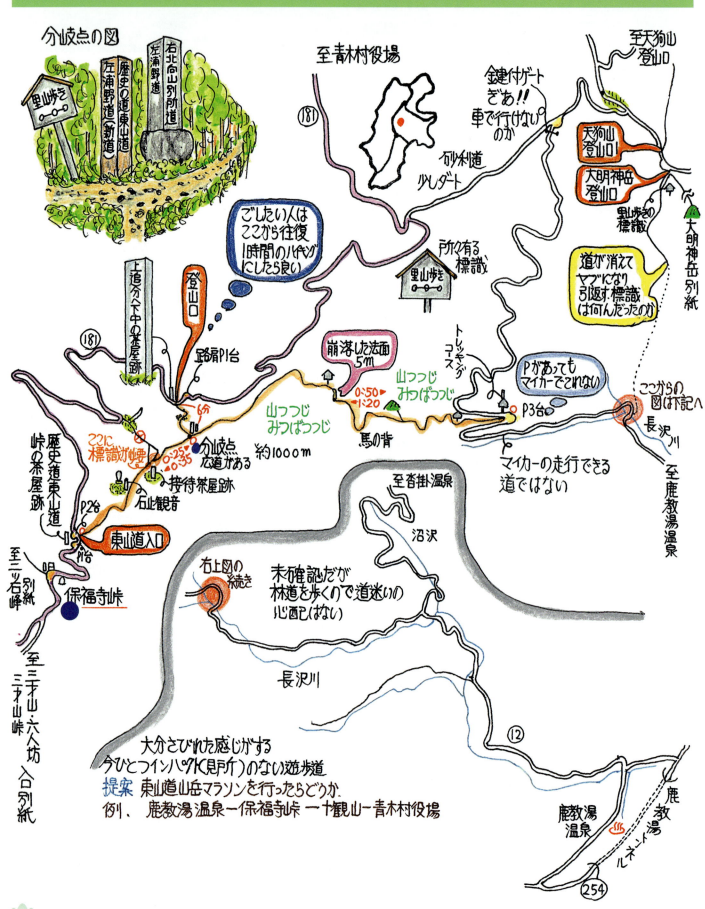

140 夫神岳 おかみだけ／1250m／往復2時間15分
上田市と青木村の境の山

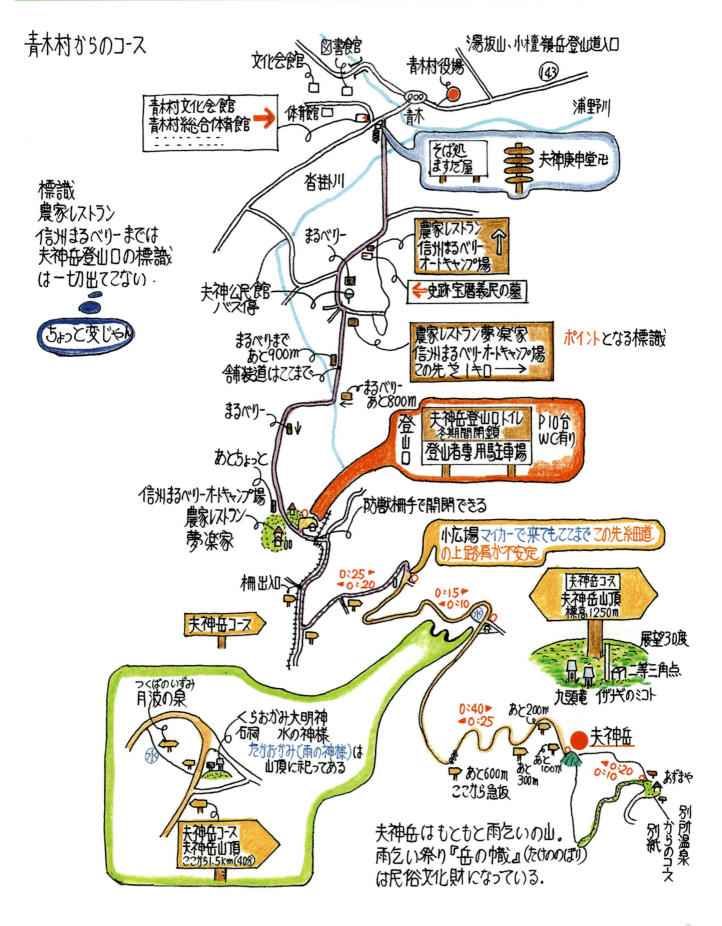

140 夫神岳 おかみだけ／1250m／往復2時間40分
上田市と青木村の境の山

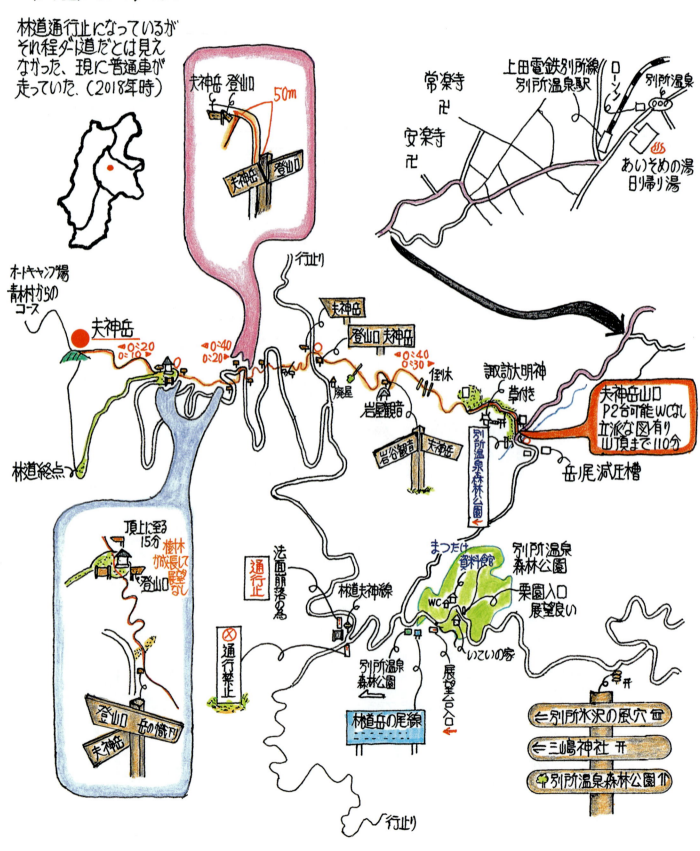

141 冠着山 かむりきやま／1252m／往復1時間

別名：姨捨山（おばすてやま）・更科山（さらしなやま）・
坊城（ぼうじょう）・小長谷山、小初瀬山、小泊瀬山（おはせやま）
千曲市と筑北村の境の山

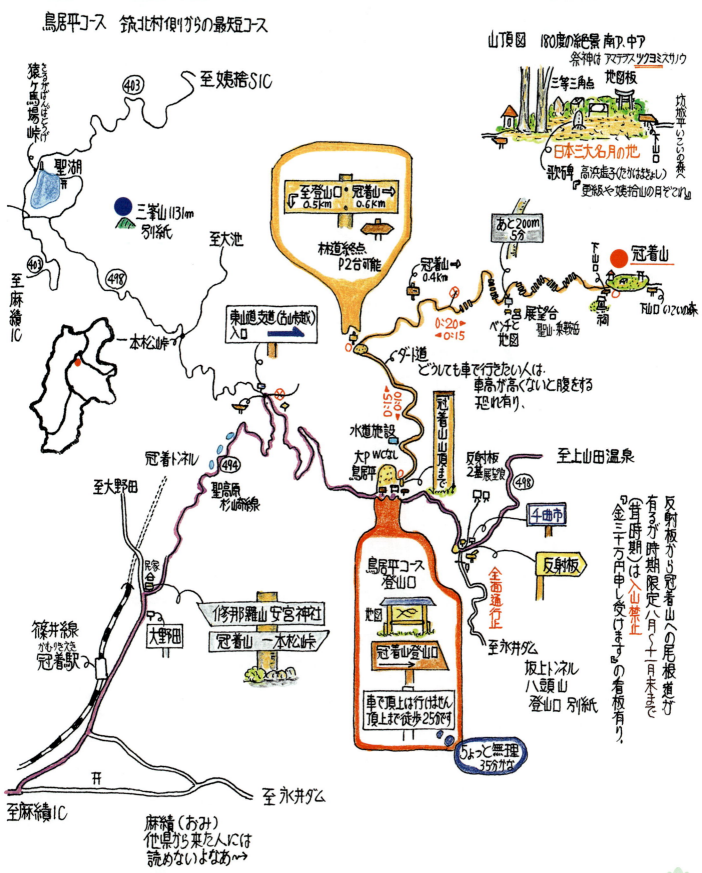

141 冠着山 かむりきやま／1252m／往復1時間10分

別名：姨捨山（おばすてやま）・更科山（さらしなやま）・
坊城（ぼうじょう）・小長谷山、小初瀬山、小泊瀬山（おはせやま）
千曲市と筑北村の境の山

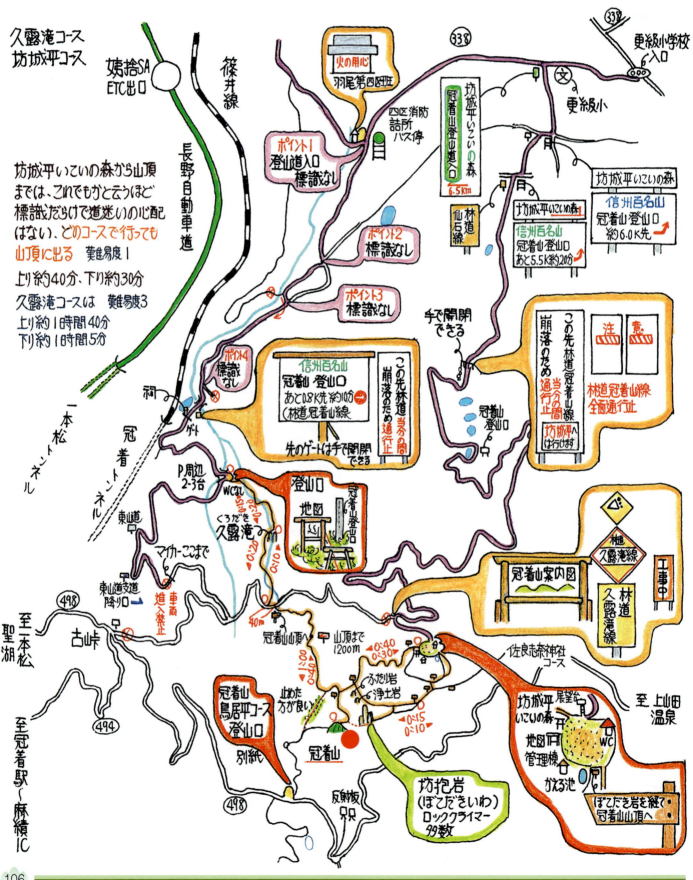

141 冠着山 かむりきやま／1252m／往復5時間40分

別名：姨捨山（おばすてやま）・更科山（さらしなやま）・坊城（ぼうじょう）・小長谷山、小初瀬山、小泊瀬山（おはせやま）
千曲市と筑北村の境の山

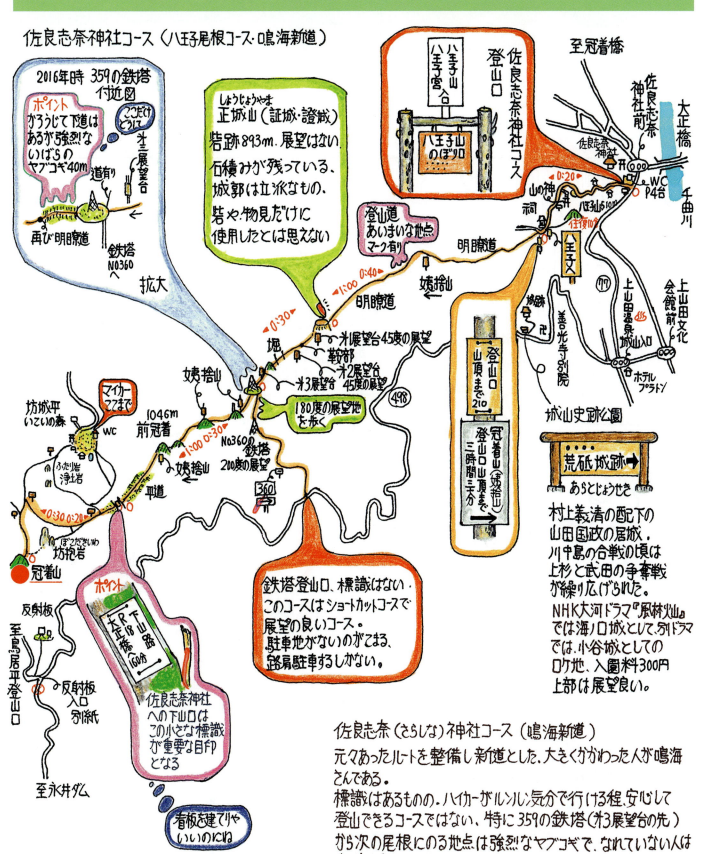

142 八頭山　はっとうさん／1204m／往復1時間40分
千曲市と筑北村の境の山

143 大林山　おおばやしやま／1333m／往復2時間40分
別読み：だいりんざん　別名：氷沢山（ひざわやま）
上田市・千曲市・筑北村の境の山

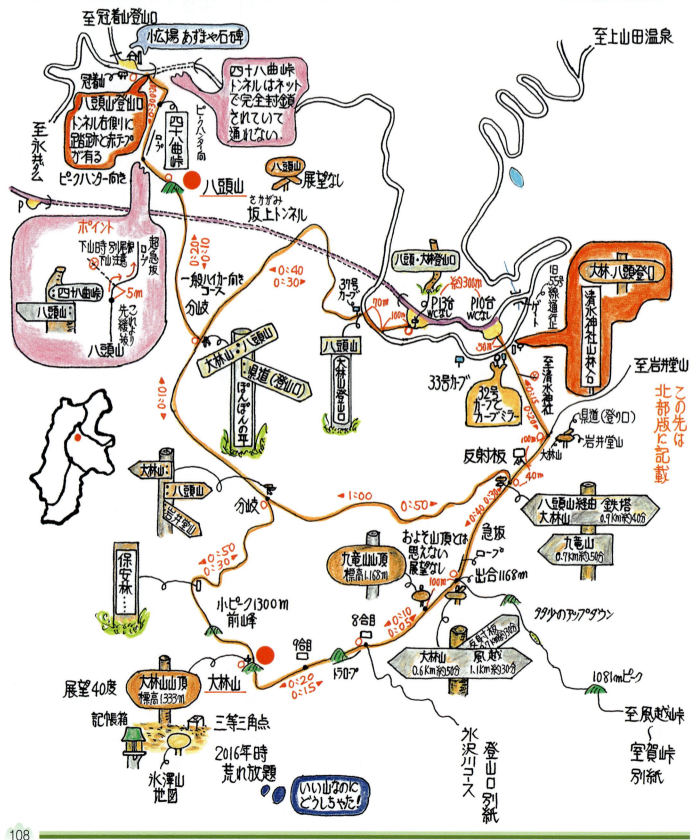

143 大林山 おおばやしやま／1333m／往復2時間5分
別名：氷沢山（ひざわやま）　別読み：だいりんざん
上田市・千曲市・筑北村の境の山

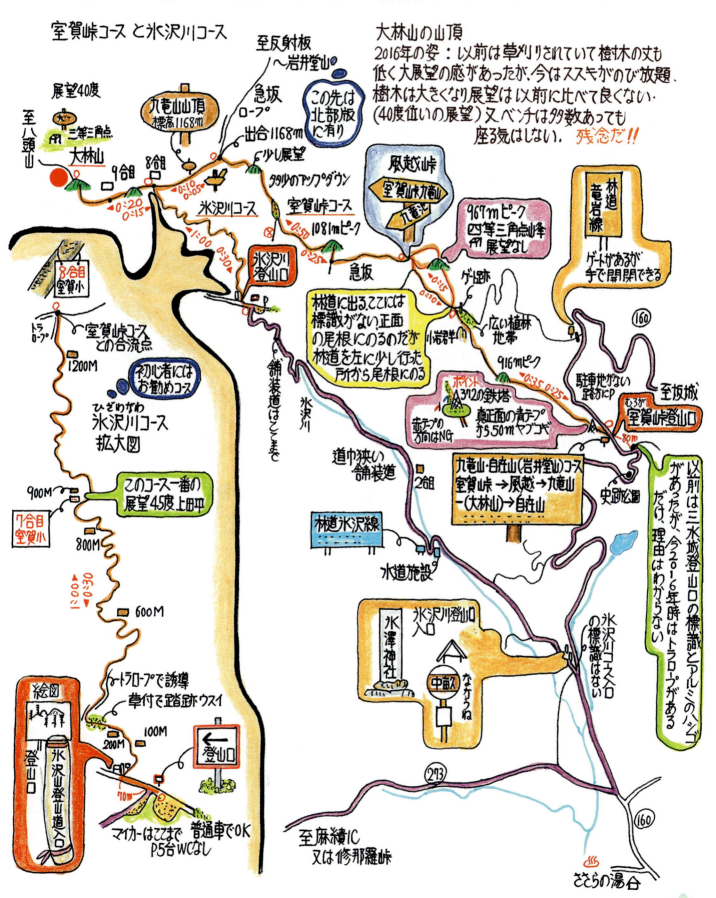

144 上田市の城山　しろやま／933m／往復1時間40分
別名：半過城山（はんかじょうやま）　上田市に有る山。

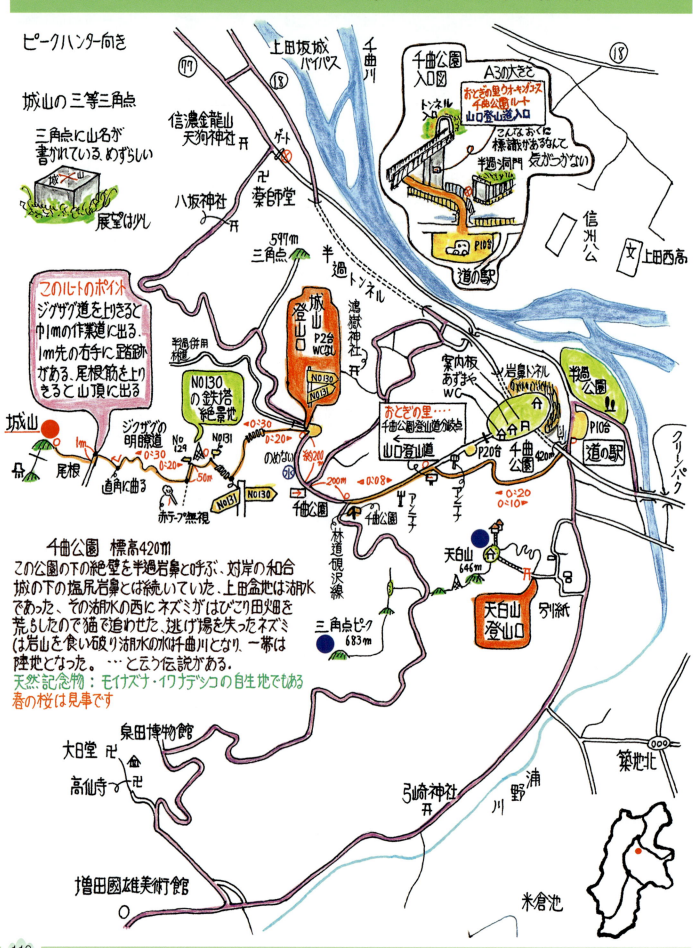

145 弘法山 こうぼうやま／842m／往復1時間
上田市に有る山

山頂近くは岩窟が多数、33ヶ所の岩窟には観音様や祠がありルートは2通り有る。①塩田城跡から…難易度高くロープやハシゴを行けば難易度は更に上昇する。②前山寺先からの登山道は一部崩落地はあるが一般者向け、但し期間限定（松茸山につき入山禁止）。

塩田城跡
1242～1282年は北条義政の城、1333年塩田北条氏が滅亡した後、坂木（城）を本拠とした村上信貞の領地になった。村上義清は室町中期以降重臣福沢氏を城代とした。1553年甲斐武田氏の進攻によって城は奪われてしまう。武田氏は12将飯富虎昌（おぶとらまさ）を常駐させるが、1582年武田氏の滅亡により廃城となる。

飯富虎昌：甲山の猛虎と恐れられた「赤備え」、1565年武田義信（信玄長男）の反逆の罪を一身に背負って自刃した飯富家はこれで廃絶する。

146 吉沢城跡 よしざわじょうせき／781m／往復40分
147 安曽岡山 あそおかやま／1090m／往復2時間30分
148 上田市の高ボッチ たかぼっち／1104m／往復3時間20分
以上は、上田市に有る山

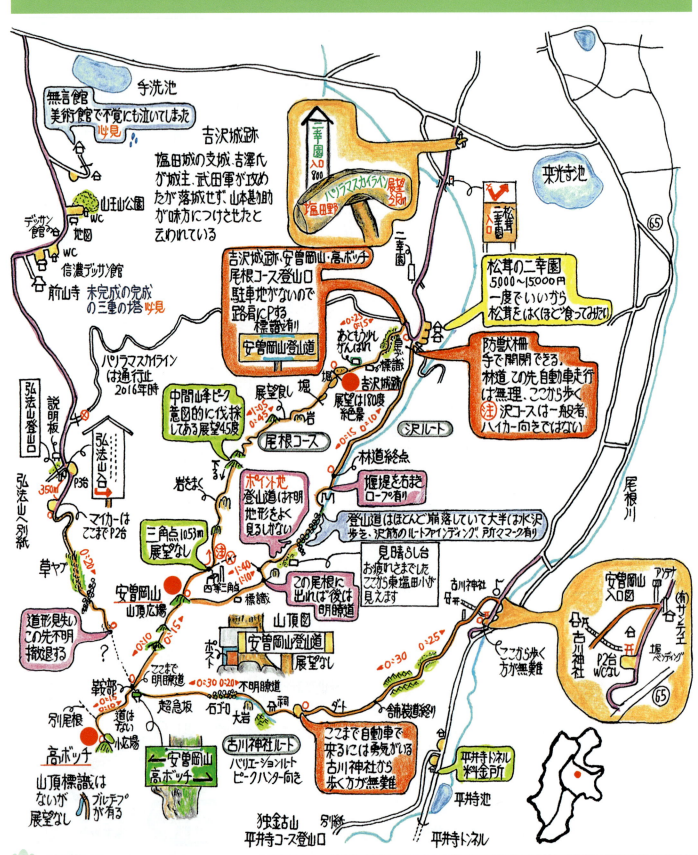

149 富士嶽山 ふじたけさん／1034m／往復2時間40分
上田市に有る山

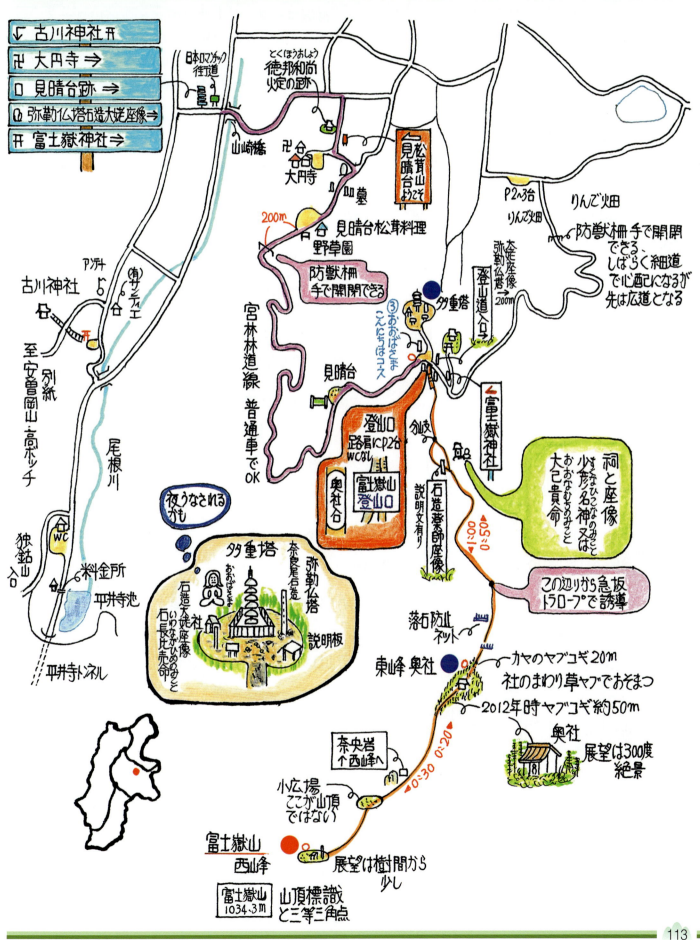

150 独鈷山 とっこさん／1266m／往復2時間30分
上田市に有る山　☆読み方：どくこ・とこ・どっこ

コースは大別して4通りある：平井寺コース・宮沢コース・沢山池コース・西前山コース
独鈷…修法（すほう）の用具（武器）、金属製で把手（はしゅ）の両端に爪があり、1つのものを独鈷、3爪を三鈷、5爪を五鈷と言う…三鈷は三叉槍の変化したもので、三股とも言う、真言宗で佛・法・僧の三宝をあらわす。五鈷又は五股は大日如来のもつ五知をあらわす。

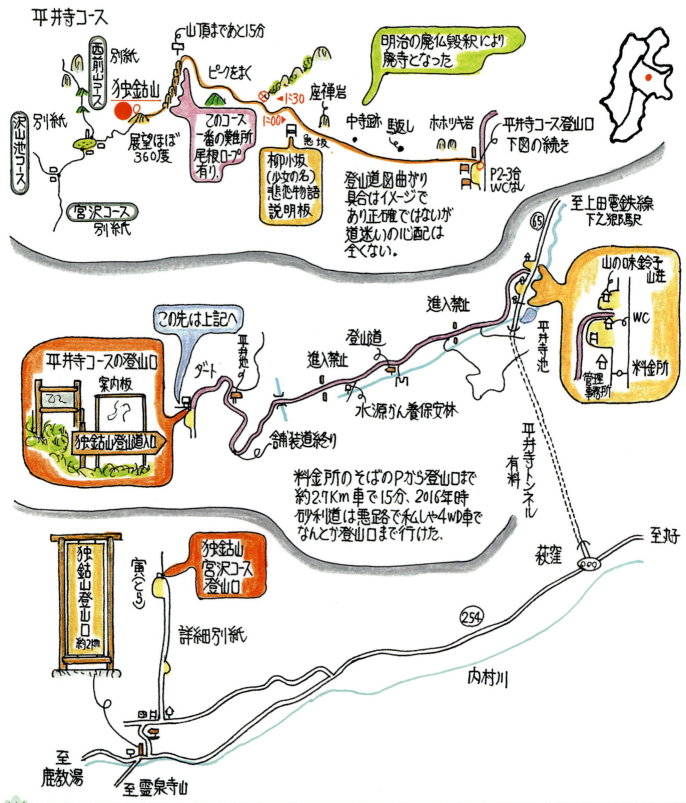

150 独鈷山 とっこさん／1266m／往復2時間45分

上田市に有る山
かつて独鈷山は峰小屋岳鉄城山と呼ばれていた

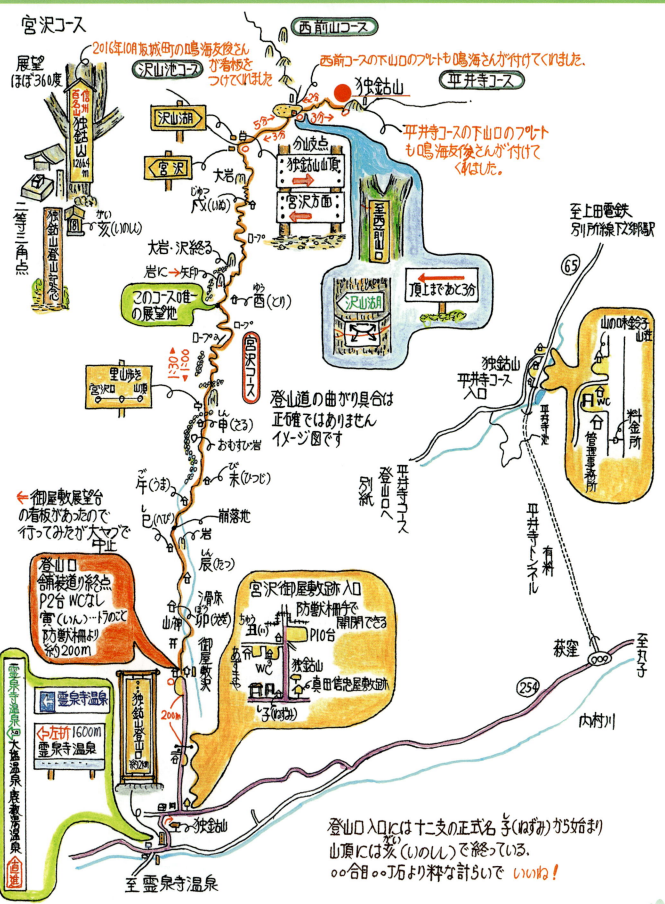

150 独鈷山 とっこさん／1266m／往復3時間30分
上田市に有る山

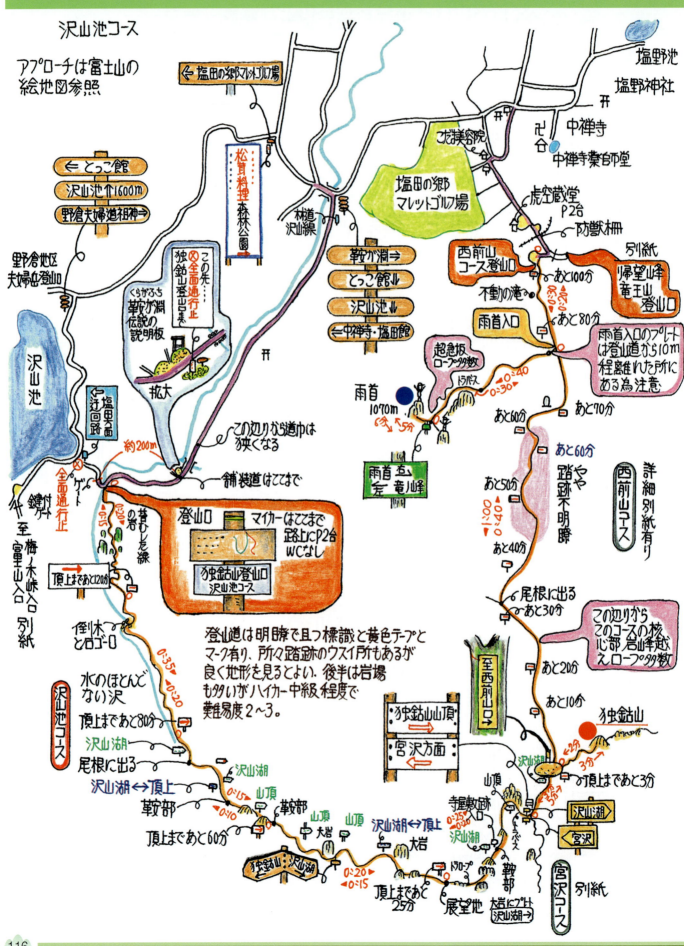

150 独鈷山 とっこさん／1266m／往復2時間45分
上田市に有る山

151 独鈷山帰望峰　きぼうほう／950m／往復2時間25分
152 独鈷山竜王山　りゅうおうさん／984m／往復1時間40分
以上は、上田市に有る山

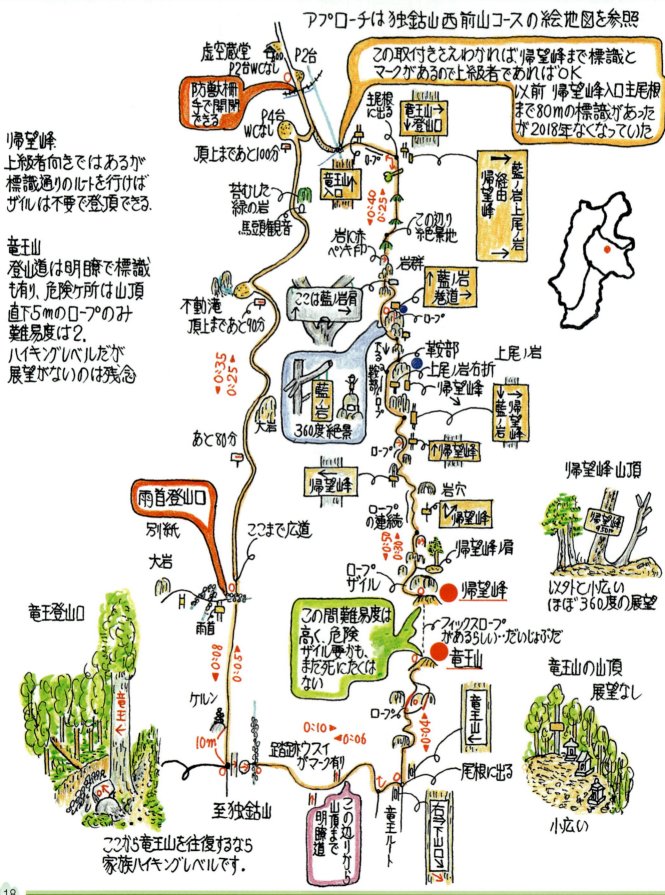

153 女神岳 めがみだけ／927m／往復1時間10分
上田市に有る山

別名：女神山城…鎌倉時代、塩田北条氏の塩田本城の支城の一つと言われている。徳川から上杉にくら替えした真田昌幸（真田幸村の父上）が改築した。1583年頃塩田城は廃城となったが、上田から松本への最短ルート（東山道）として真田氏は使用したと言われている。また徳川方についた小笠原貞慶の東山道からの侵略に備えたとも言われている。

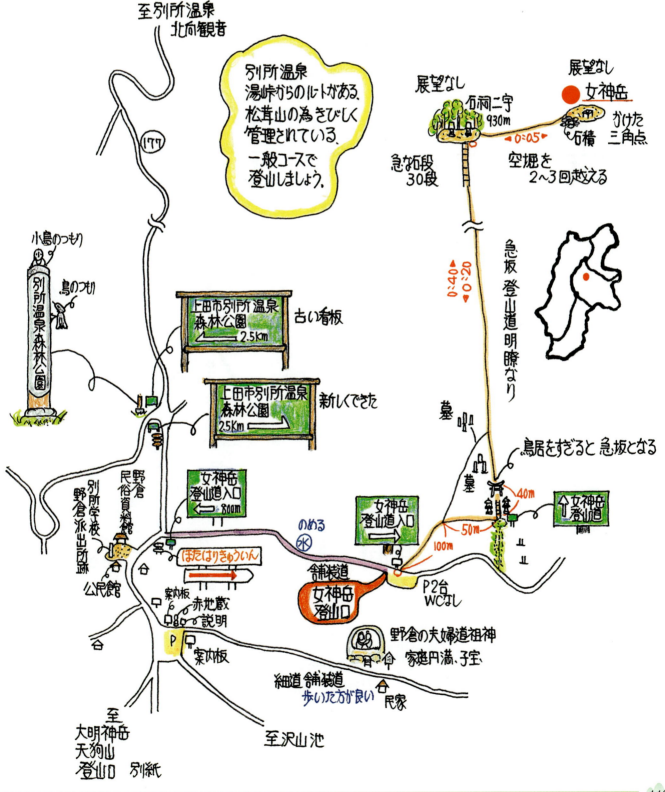

154 富士山 ふじやま／1029m／往復1時間50分
別名：鹿教湯富士(かけゆふじ)
上田市に有る山

舌喰池(したくいいけ)の伝説：この池が造られた頃、土手が漏水し水を止めることが出来なかった。池を改修するにあたり土手に「人柱」を立てることになった。くじ引きできめ、村外れの娘に当たった。娘は悲しみ人柱の前の晩に、舌を噛み切って池に身を投げたそうです。
「人柱」の伝説はあちらこちらで聞くが、数年前松本城を改修した折、土台から人骨が出てきたニュースがあったが、まんざら伝説では無いかもしれない。

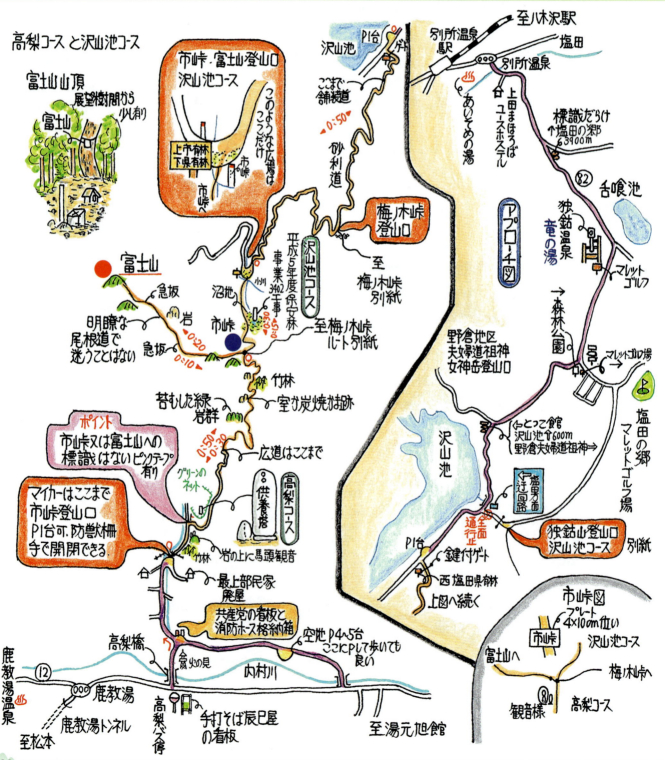

154 富士山 ふじやま／1029m／往復3時間50分

別名：鹿教湯富士(かけゆふじ)
上田市に有る山

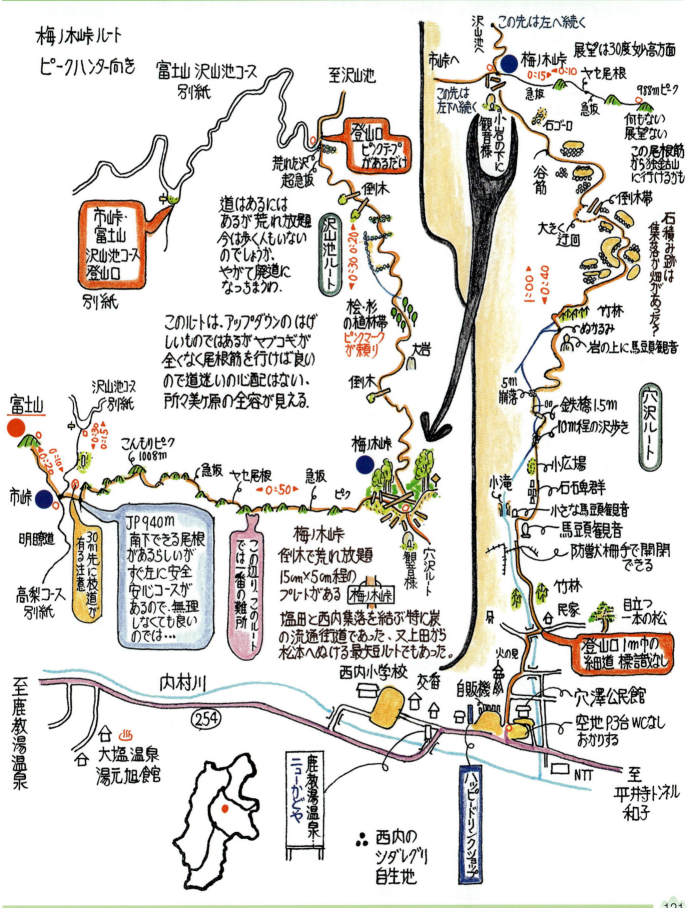

- 155 霊泉寺城山 じょうやま／750m／往復25分
- 156 熊沢峠 くまざわとうげ／1113m／往復1時間30分
- 157 崩口峰 くずれぐちみね／1138m／往復1時間40分

以上は、上田市に有る山

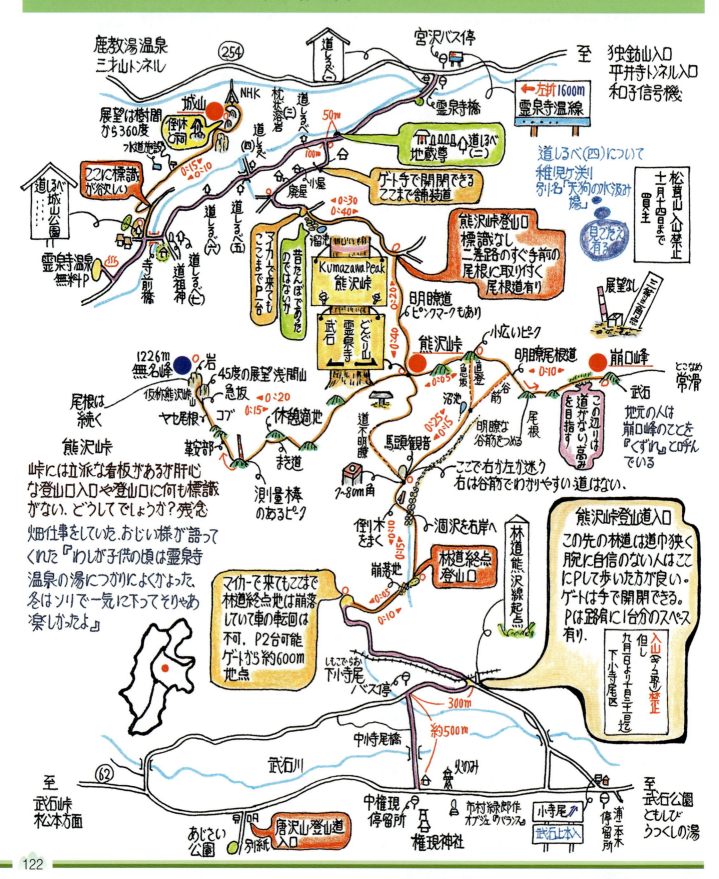

158 渋田見山 しぶたみやま／1554m／往復1時間50分

上田市に有る山

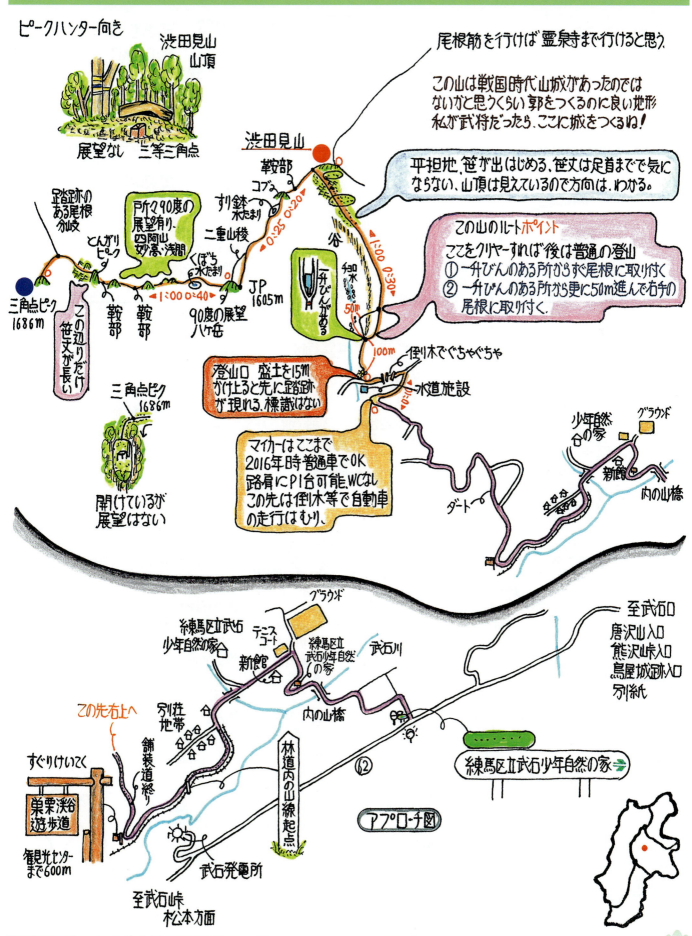

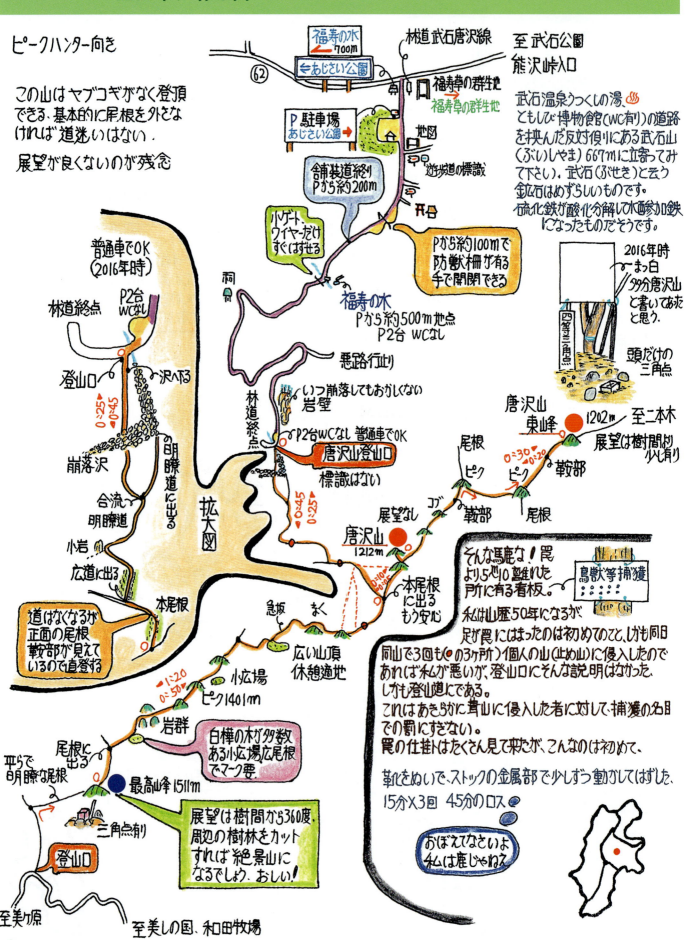

160 浅間岳　せんげんだけ／993m／往復1時間30分
上田市に有る山

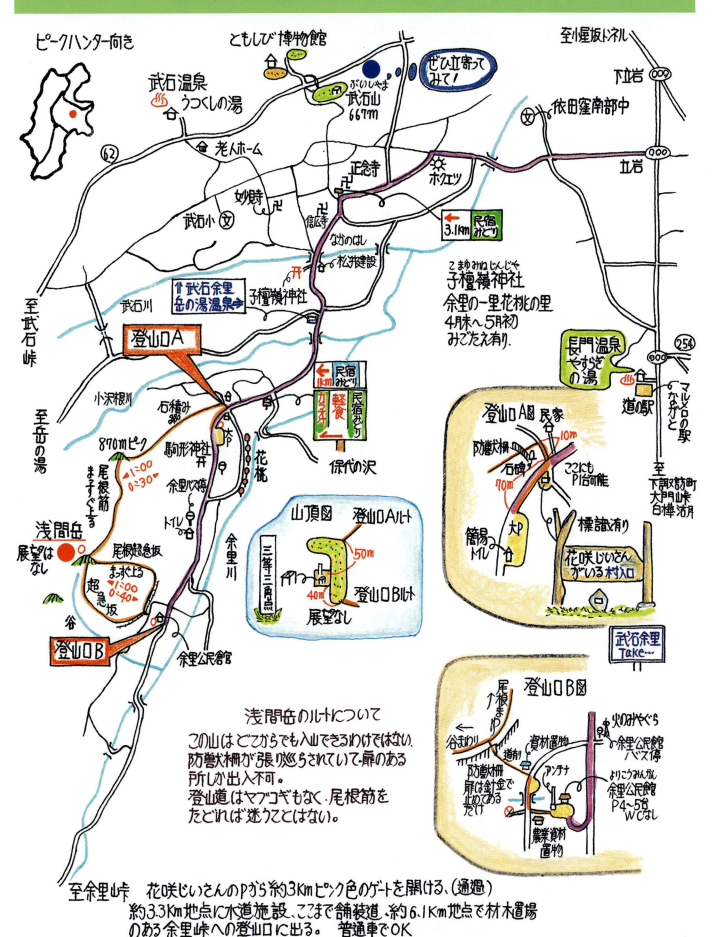

161 鳥屋城跡　とやじょうせき／850m／往復2時間5分
162 根羽城跡　ねばじょうせき／695m／往復30分

以上は、上田市に有る山

尖った目立つ山…別名：烏帽子城跡・大年寺山城跡・依田城跡・首切城跡と言うらしい、城の詳細は分からないが、戦国時代は武田方（真田昌幸）の城であったらしい。城郭は大きく、鳥屋山砦と南方に道を挟んで有る小山城がセットで鳥屋城は成り立っていると思われる。尚地元の人は鳥屋城跡のことを「せきとんさん」と教えてくれたが、石尊山の間違いではないか…聞き直したがやはり「せきとんさん」だそうです。

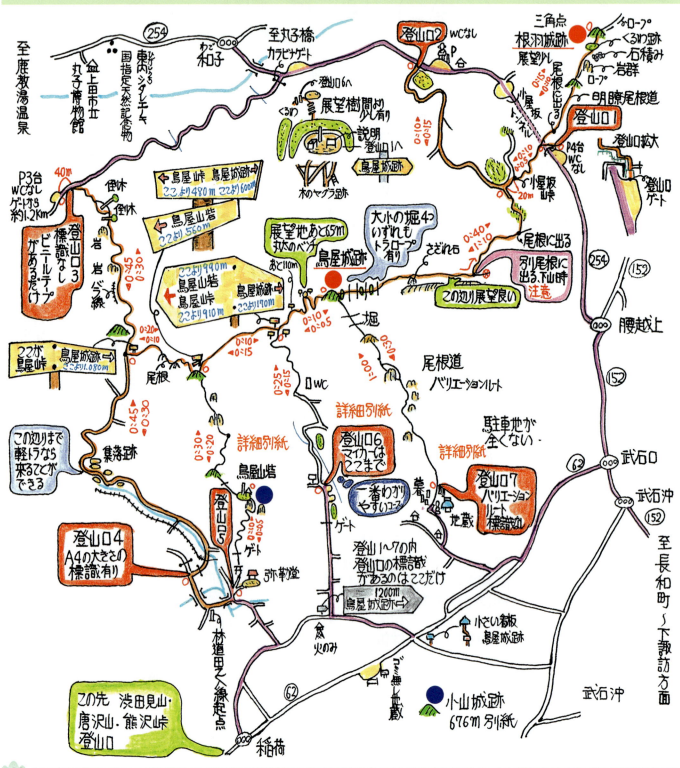

161 鳥屋城跡　とやじょうせき／850m／往復55分
163 小山城跡　こやまじょうせき／676m／往復25分
以上は、上田市に有る山

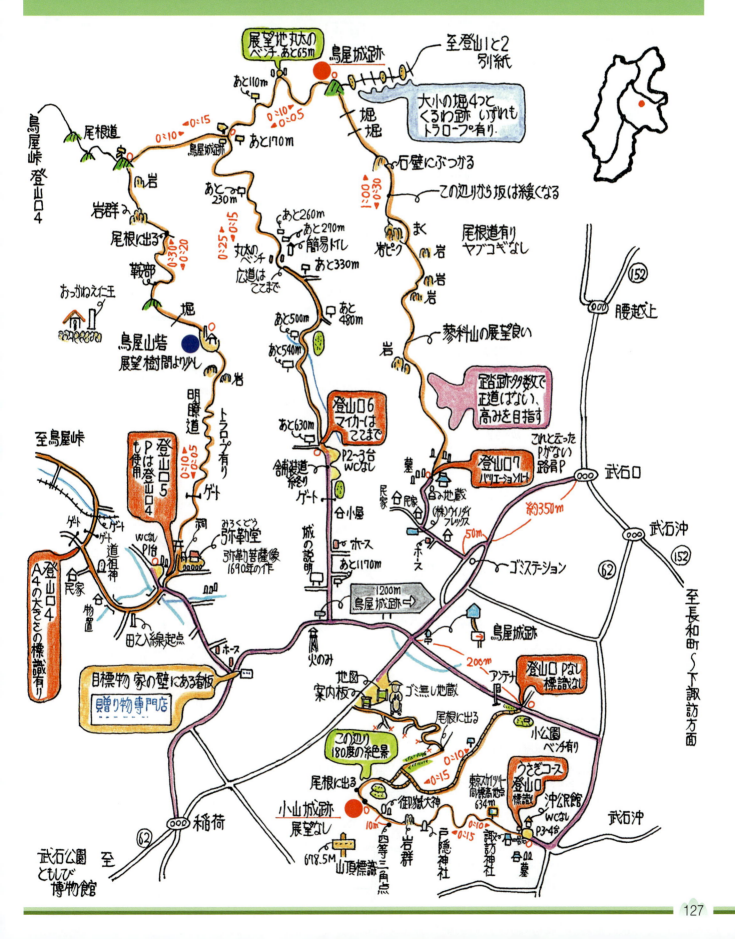

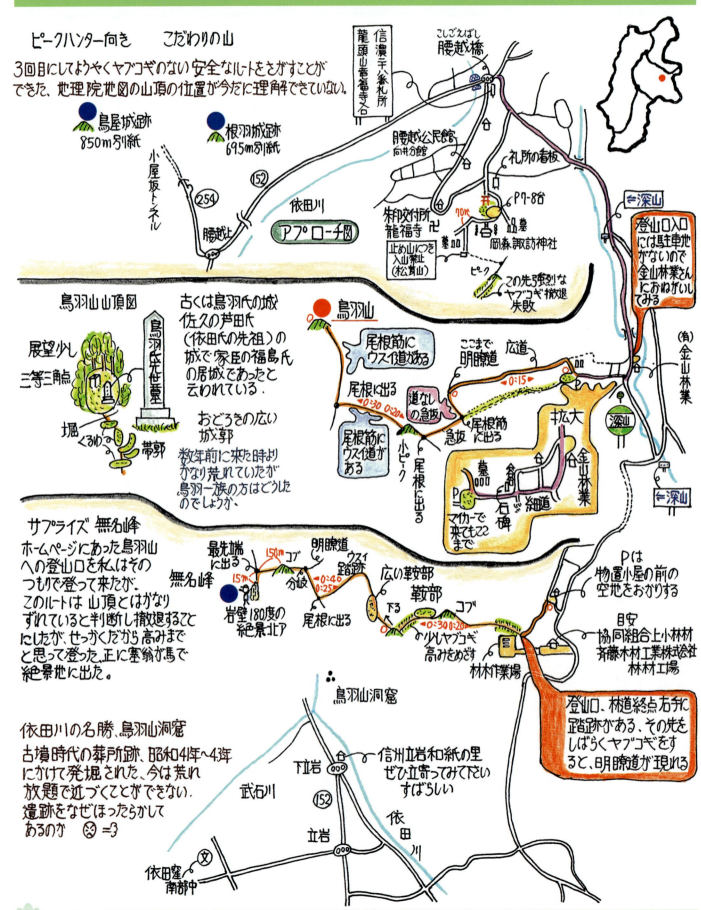

165 丸子城跡 まるこじょうせき／684m／往復40分

上田市に有る山

丸子城は、二の郭の飯盛城(めしもりじょう)と主郭から成り立っている。

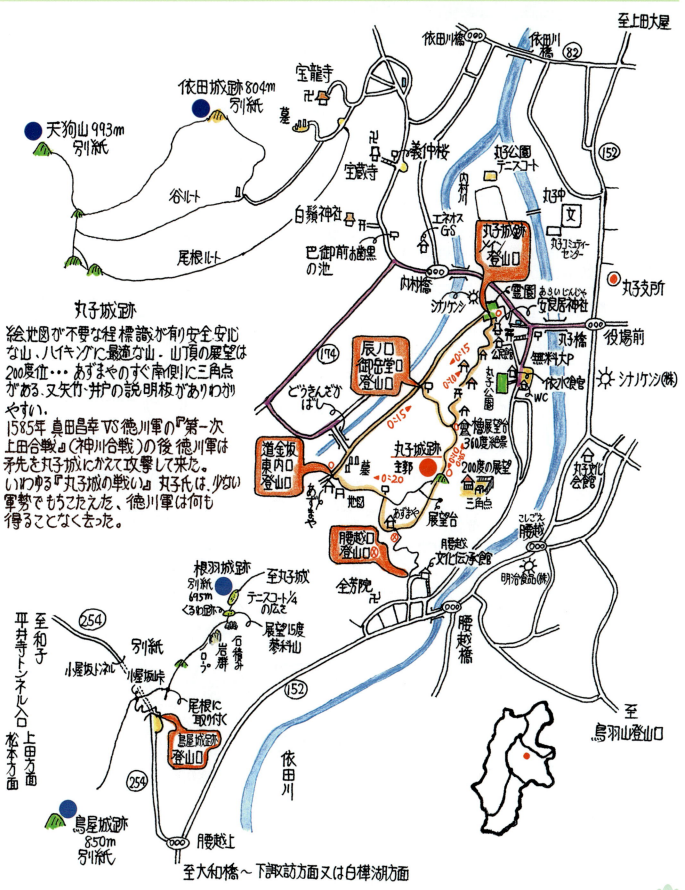

丸子城跡

絵地図が不要な程標識が有り安全安心な山、ハイキングに最適な山・山頂の展望は200度位…あずまやのすぐ南側に三角点がある、又矢竹、井戸の説明板がありわかりやすい。
1585年 真田昌幸VS徳川軍の『第一次上田合戦』(神川合戦)の後 徳川軍は矛先を丸子城にかえて攻撃して来た。いわゆる『丸子城の戦い』丸子氏は少ない軍勢でもちこたえた、徳川軍は何も得ることなく去った。

166 依田城跡　よだじょうせき／804m／往復55分
別名：城山（じょうやま）又は御嶽山（みたけさん）

167 上田市の天狗山　てんぐやま／993m／往復2時間10分
別名：金鳳山（きんほうざん）
以上は、上田市に有る山

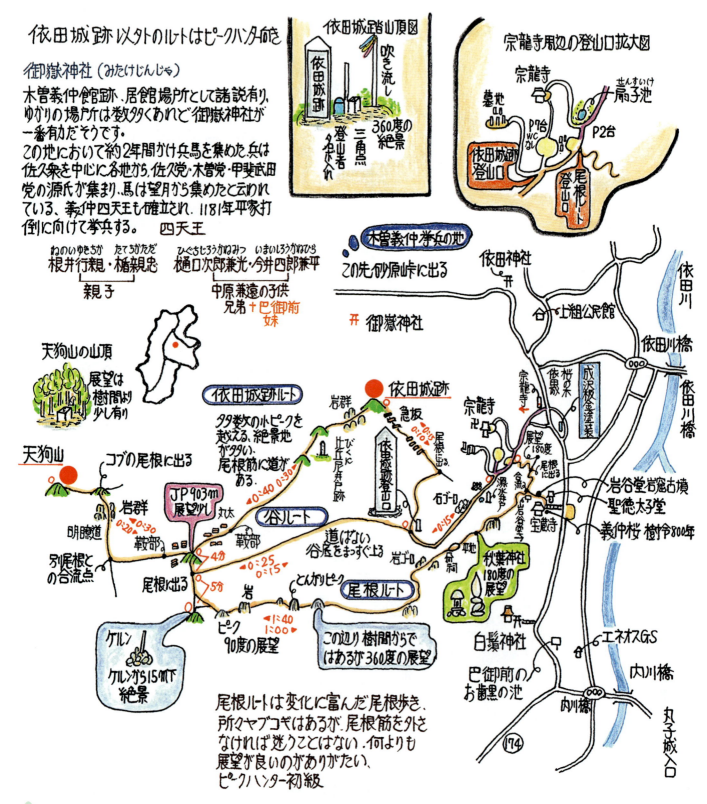

168 上田市の東山 ひがしやま／694m／周遊約3時間
上田市に有る山

168 上田市の東山　ひがしやま／694m／往復1時間20分
上田市に有る山

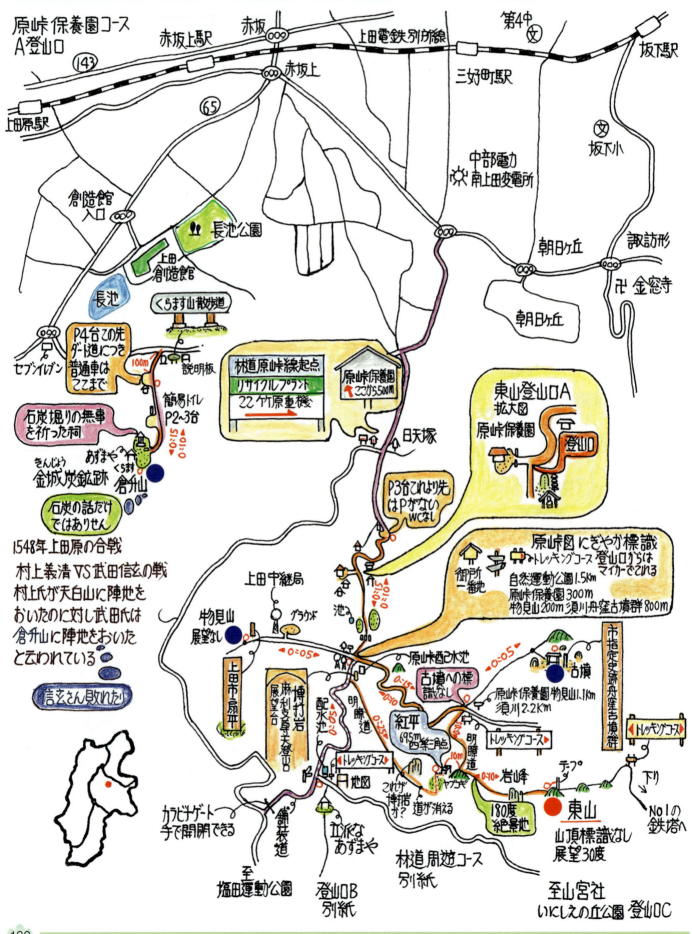

上田市・坂城町・千曲市
葛尾山から和合城跡までの総図

葛尾山～五里ヶ峯～鏡台山～大道山～大峯山～太郎山～虚空蔵山～和合城跡まで登山道がつながっていて、健脚者は小走りすれば日帰りで縦走できる。登山口が多数あり、力量にあったコース選択ができ、ハイキングに最適な山。各山の詳細図は別紙に記す。

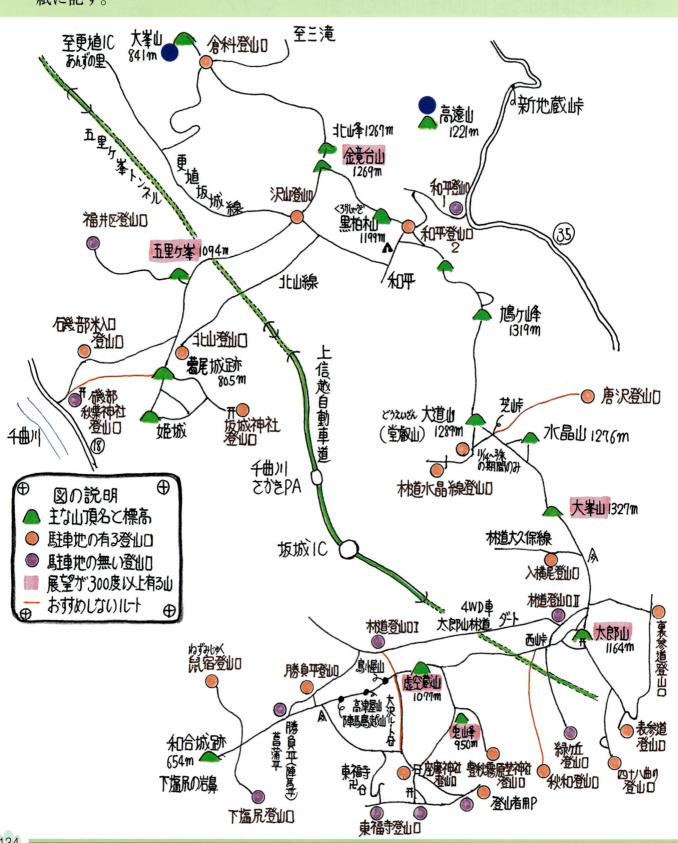

170 和合城跡　わごうじょうせき／654m／往復1時間10分
171 陣馬鳥越山　じんばとりごえやま／924m／往復35分

以上は、上田市と坂城町の境の山

下塩尻登山口・鼠宿登山口・勝負平登山口・太郎山林道登山口

172 上田市の虚空蔵山　こくぞうざん／1077m／往復2時間40分
上田市と坂城町の境の山

173 兎峰　うさぎみね／950m／往復1時間50分
上田市に有る山

虚空蔵堂鉄塔コース・大沢ルート（鳴海新道）・座摩神社兎峰コース

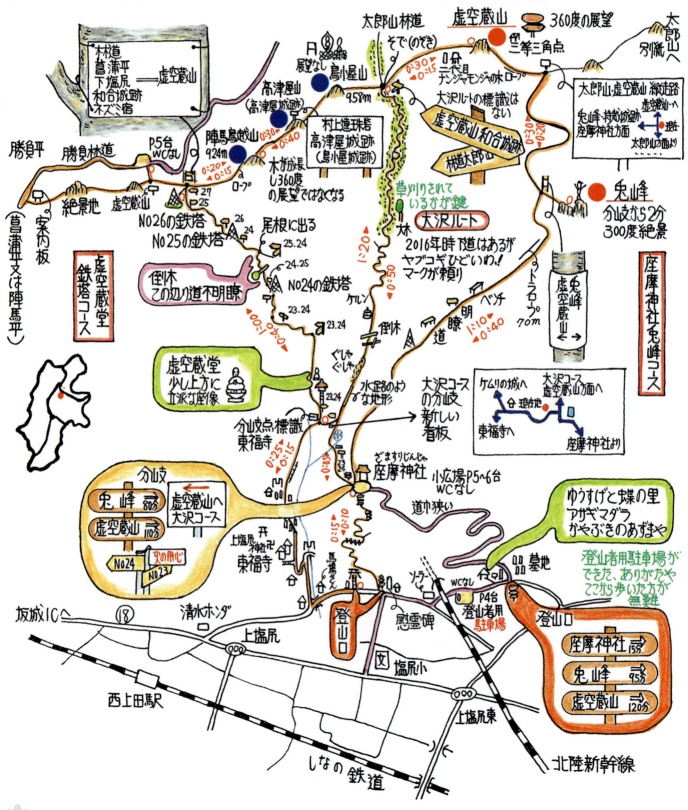

173 兎峰 うさぎみね／950m／往復1時間40分
174 上田市の飯綱山 いいづなやま／757m／往復1時間5分
別名：飯綱城址

以上は、上田市に有る山

175 上田市の太郎山 たろうやま／1164m／往復2時間
上田市と坂城町の境の山

表参道コース・裏参道コース・四十八曲りコース

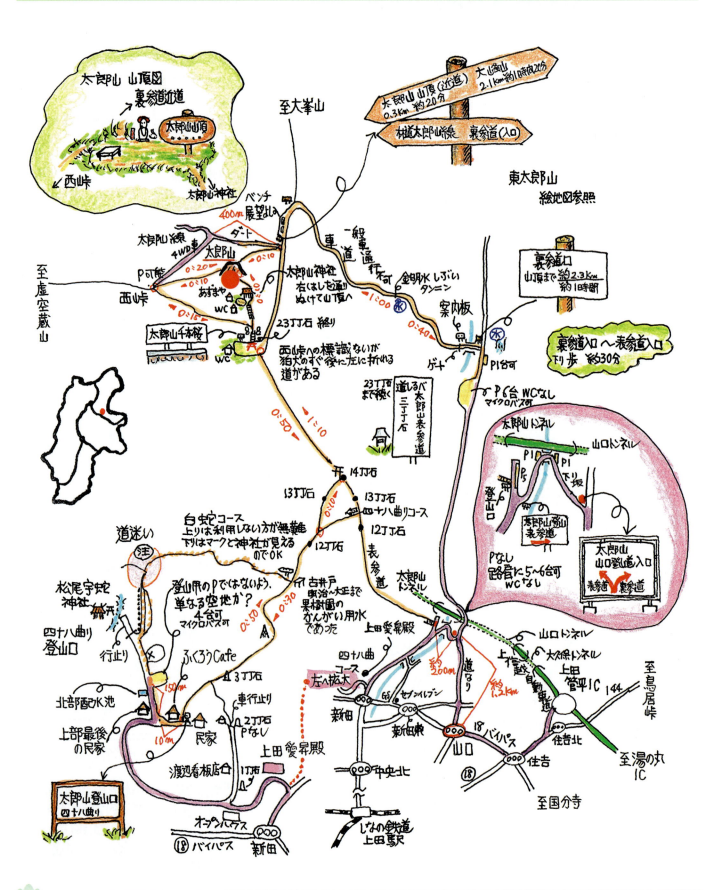

175 上田市の太郎山 たろうやま／1164m／往復2時間40分
上田市と坂城町の境の山

緑ヶ丘コース・上田秋和コース

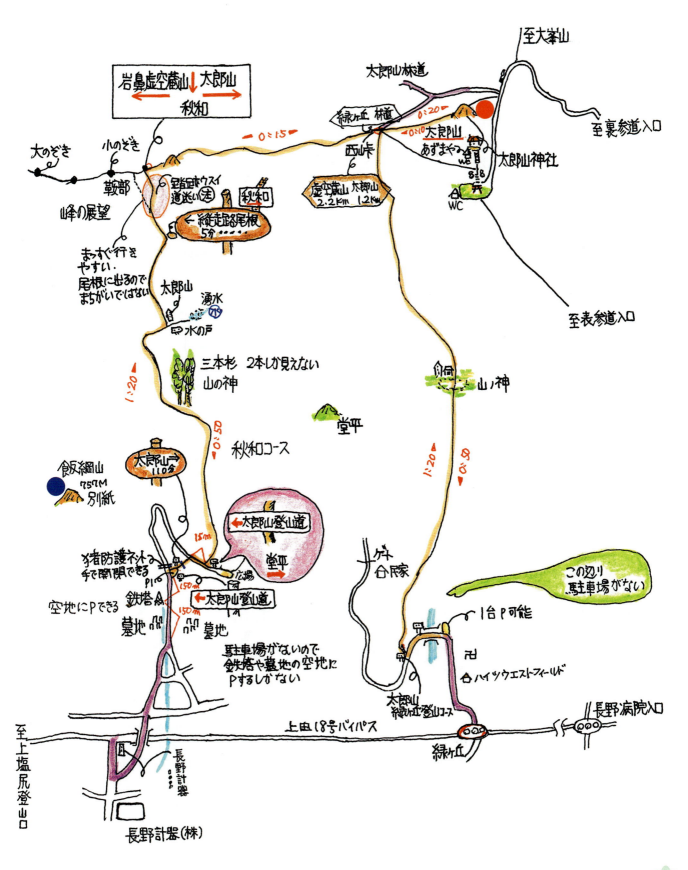

176 坂城町の大峯山 おおみねやま／1327m／往復2時間30分
177 水晶山 すいしょうやま／1276m／往復3時間

以上は、上田市と坂城町の境の山

坂城ICから林道水晶線・林道大久保線入横尾のコース

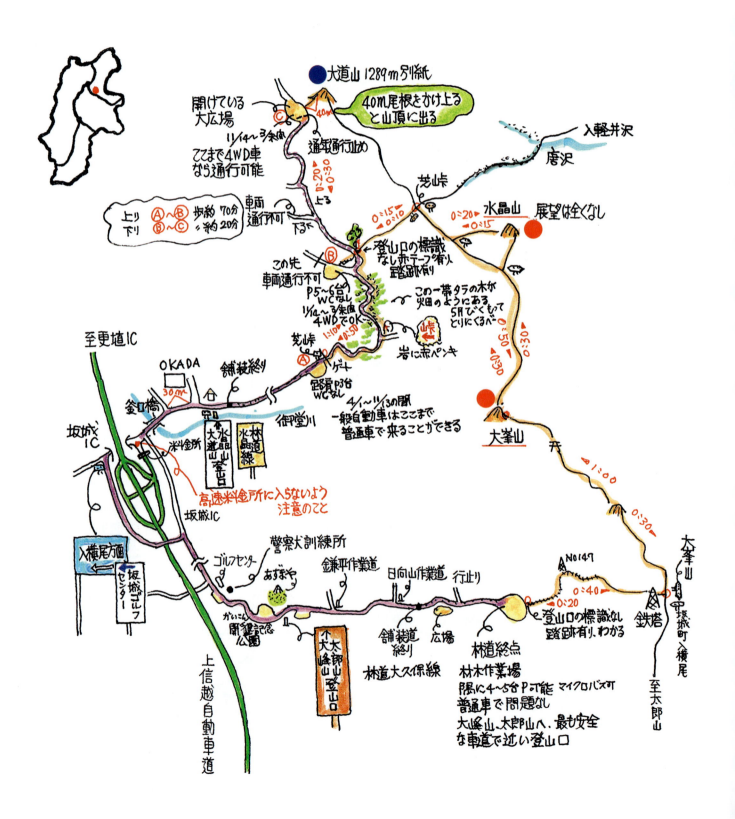

176 坂城町の大峯山　おおみねやま／1327m／往復2時間50分
177 水晶山　すいしょうやま／1276m／往復2時間30分
以上は、上田市と坂城町の境の山

入軽井沢方面芝峠からのコース

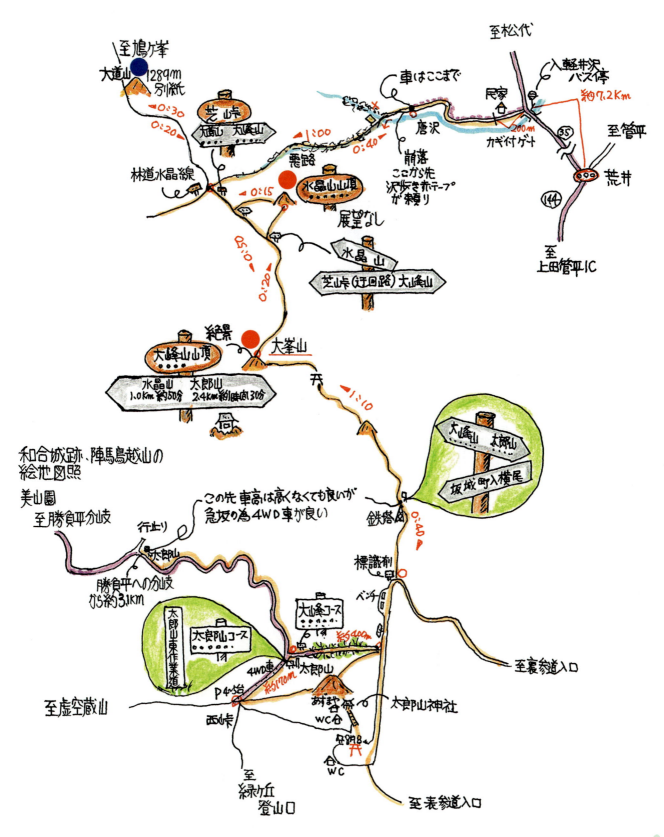

178 大道山（堂叡山）だいどうざん（どうえい）／1289m／往復3時間40分
179 坂城町の鳩ヶ峯 はとがみね／1319m／往復2時間20分
以上は、上田市と坂城町の境の山

…和平高原の鳩ヶ峯・鏡台山口にたどりつくまで…
車道が狭く悪路の箇所有り、又登山口までの標識が無い（峠の登山口には立派な標識有り）。

180 黒柏木山　くろかしゃぎやま（かしわぎではない）／1199m／往復50分
上田市と坂城町の境の山

181 鏡台山　きょうだいさん／1269m／往復1時間20分
千曲市・上田市・坂城町の境の山

古代鏡を置く台…姨捨山から見える月（中秋の名月）がそのように見える。
千曲市で唯一富士山が見える山。

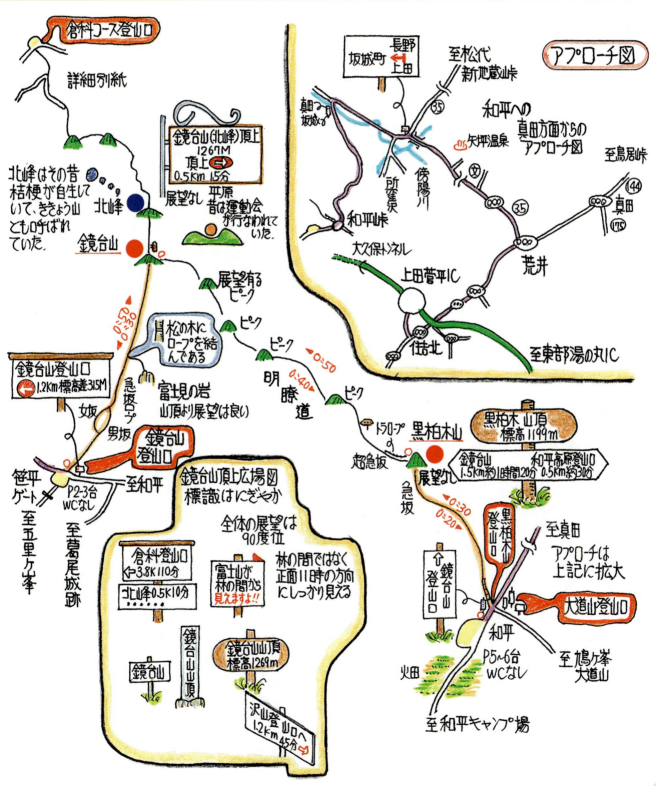

181 鏡台山 きょうだいさん／1269m／往復3時間15分
上田市・千曲市・坂城町の境の山

182 千曲市の大峯山 おおみねざん／841m／往復40分
千曲市に有る山

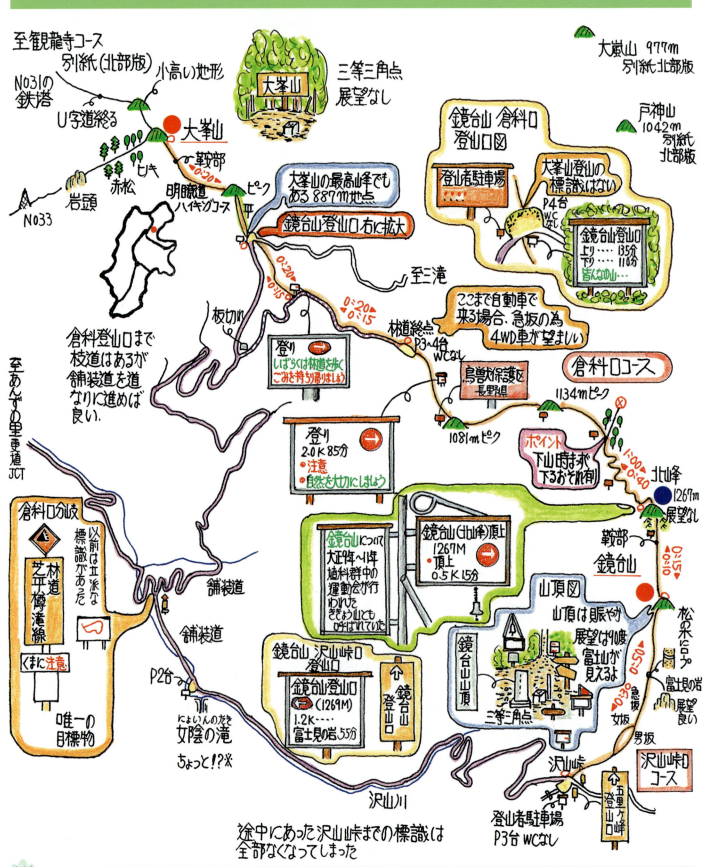

183 上田市の高遠山 たかとうやま／1221m／往復1時間25分
上田市と長野市の境の山

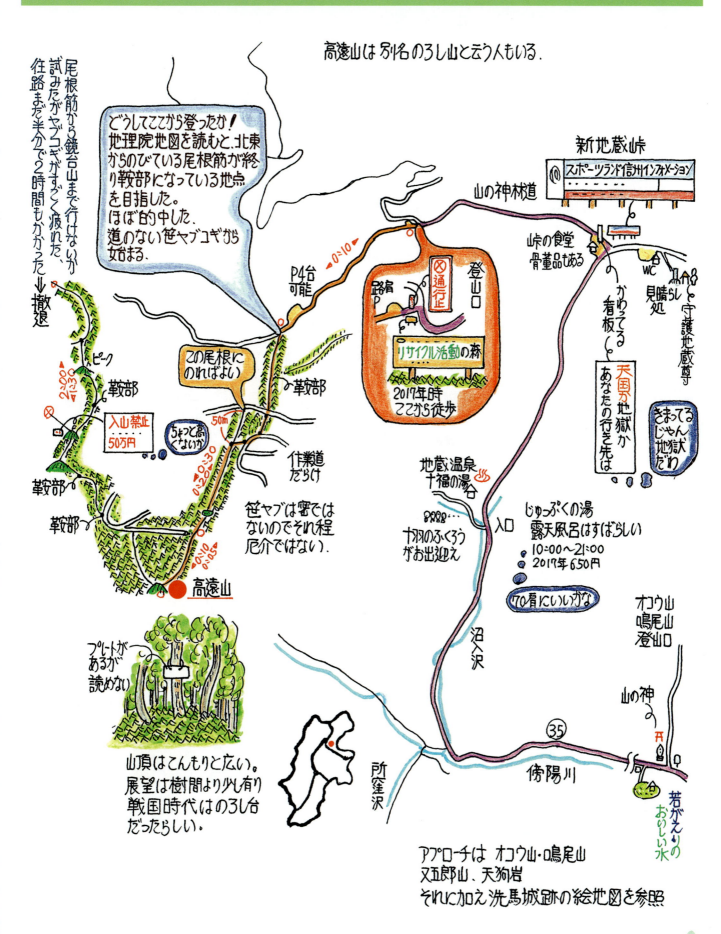

184 オコウ山　おこうやま／1379m／往復2時間40分
185 仮称鳴尾山　なるおやま／1459m／往復3時間5分
以上は、上田市に有る山

186 堀切山 ほりきりやま／1157m／往復2時間10分
長野市に有る山

187 保基谷岳 ほきやだけ／1529m／往復50分
上田市と長野市の境の山

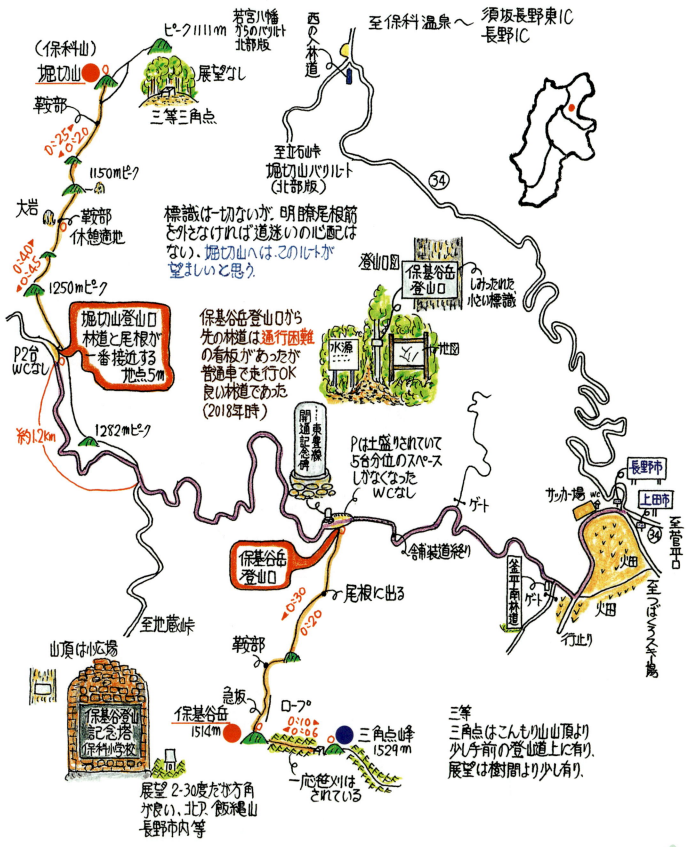

188 四阿山 あずまやさん／2354m／往復4時間20分
上田市と須坂市と群馬県嬬恋村の境の山　百名山

菅平牧場コース・あずまや高原コースも良いが、鳥居峠コースは変化と展望にめぐまれ又休憩するあずまやが有り、お勧めコース。
鳥居峠コース

189 大松山 おおまつやま／1648m／往復2時間30分
上田市に有る山

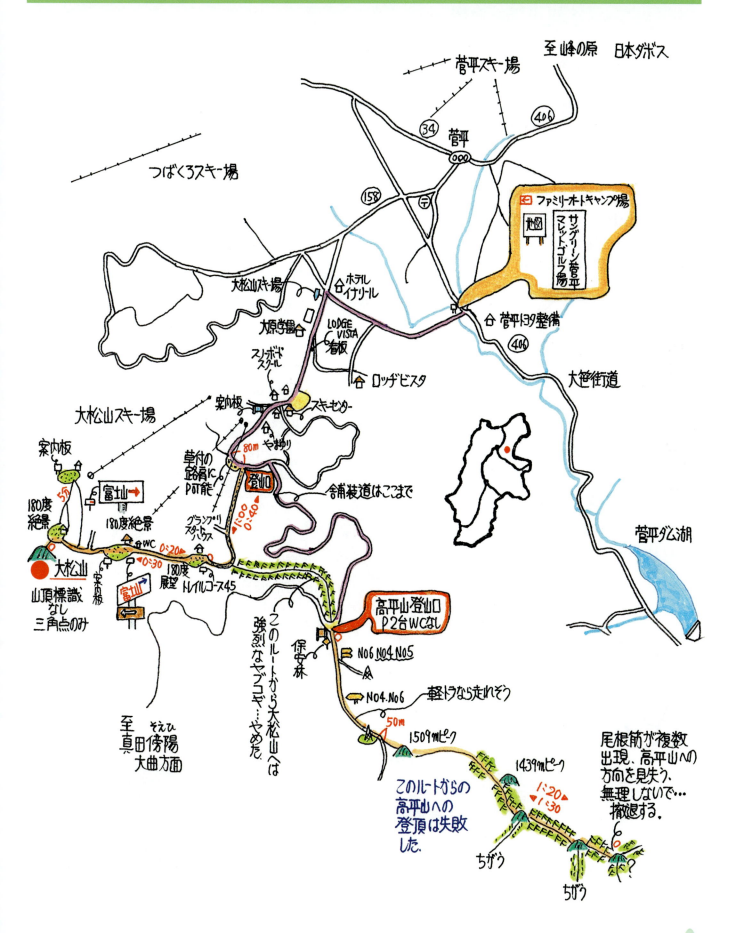

190 高平山　たかひらさん／1464m／往復1時間45分
別呼称：たかびらやま・たかひらやま…正しくは誰も知らない
上田市に有る山

ピークハンター向き

大松山方面から登ってみたが
尾根筋多数で方向を見失い
登頂に失敗した。
　記載したルートは尾根筋を
まっすぐ上れば良い、但し道も
標識もないので注意されたし。
どのルートを選択しても
大したヤブコギではない。

♪私の好きな山の歌『いつかある日』♪
いつかある日　山で死んだら、古い山の友よ
伝えてくれ
母親には　安らかだったと、男らしく死んだと
父親には
伝えてくれ　いとしい妻に、俺が帰らなくても
生きていけと

余白が多いので埋めただけ

至菅平高原
菅平ダム湖
大洞川

ここまで普通車で来ることが出来るが、細道のうえ小枝で車にキズがつく恐れ有り
150m
P1台
法面の取り付きの綾い所
尾根にのる
明瞭な尾根筋をまっすぐ高みを目指す
トゲのある変な葉っぱのヤブ
1332mピーク
この林道は普通自動車の走行不可
ここから登るのも一考

大松山の絵地図参照
ピーク 1439m
この辺りでわからなくなるまぬけ
高平山

山頂標識はなし
二等三角点
展望はなし

私のすきな花
ホソバイワベンケイ

191 剣岩山 けんがんやま／1290m／往復4時間30分
192 上田市の雷岩 かみなりいわ／約900m／往復35分
以上は、上田市に有る山

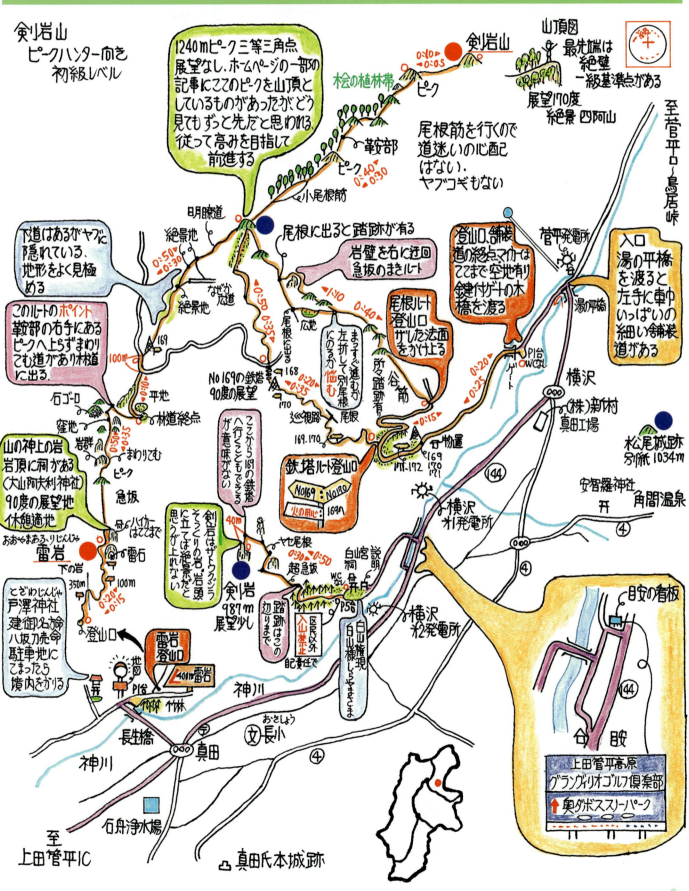

193 上田市の天狗岩　てんぐいわ／1125m／往復1時間35分
上田市に有る山

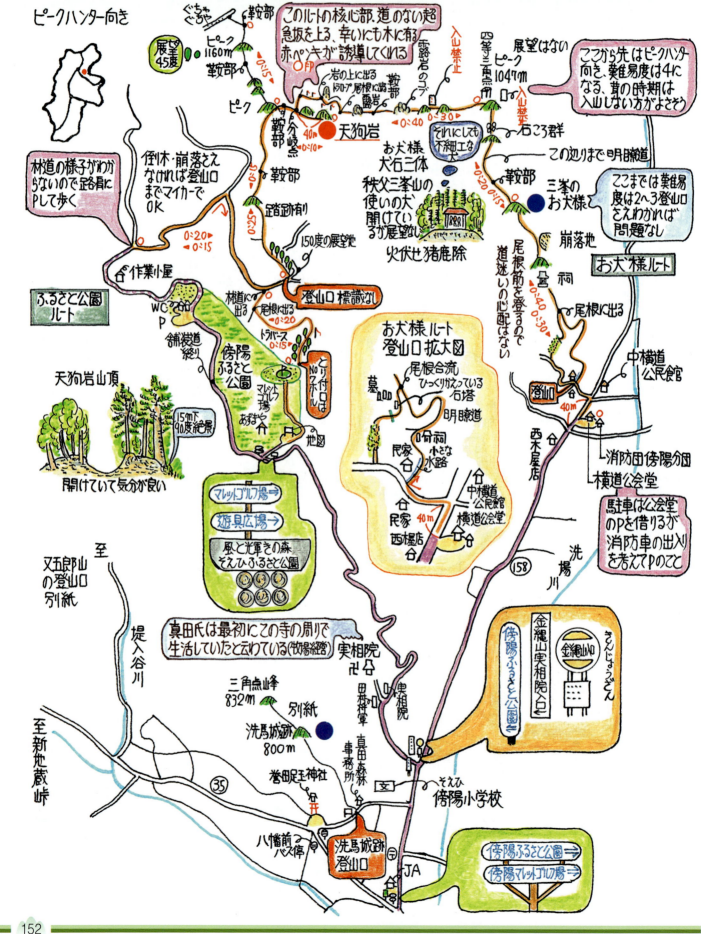

194 洗馬城跡　せばじょうせき／800m／往復30分
195 根小屋城跡　ねごやじょうせき／770m／往復25分
196 千古屋城跡　せんごやじょうせき／765m／往復15分
以上は、上田市に有る山

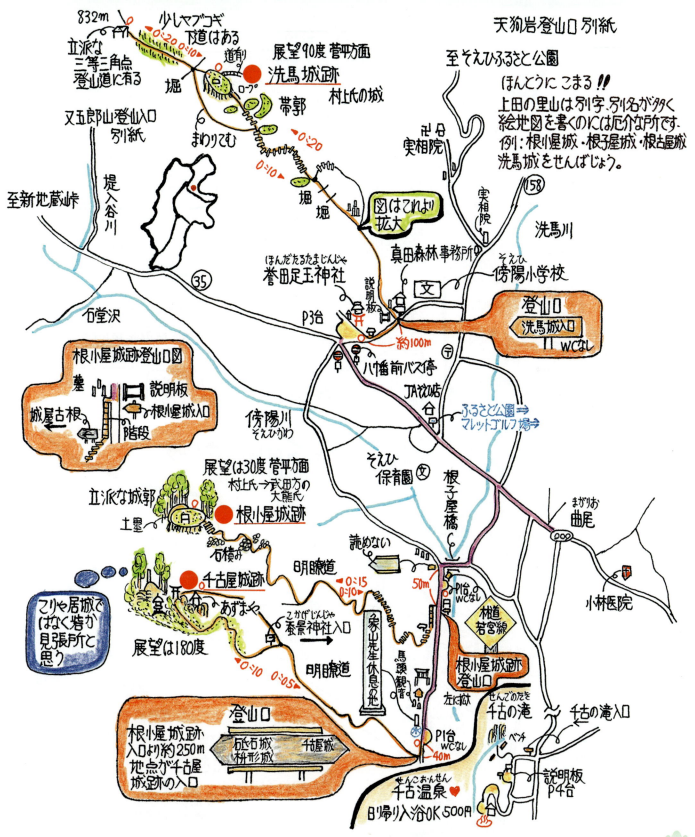

197 信綱寺山 しんこうじさん／1010m／往復2時間5分
198 長尾城跡 ながおじょうせき／940m／往復1時間5分
199 尾引城跡 おびきじょうせき／760m／往復30分
別名：横尾城跡・尾引古城・三日月城・城山・内小屋城跡
以上は、上田市に有る山

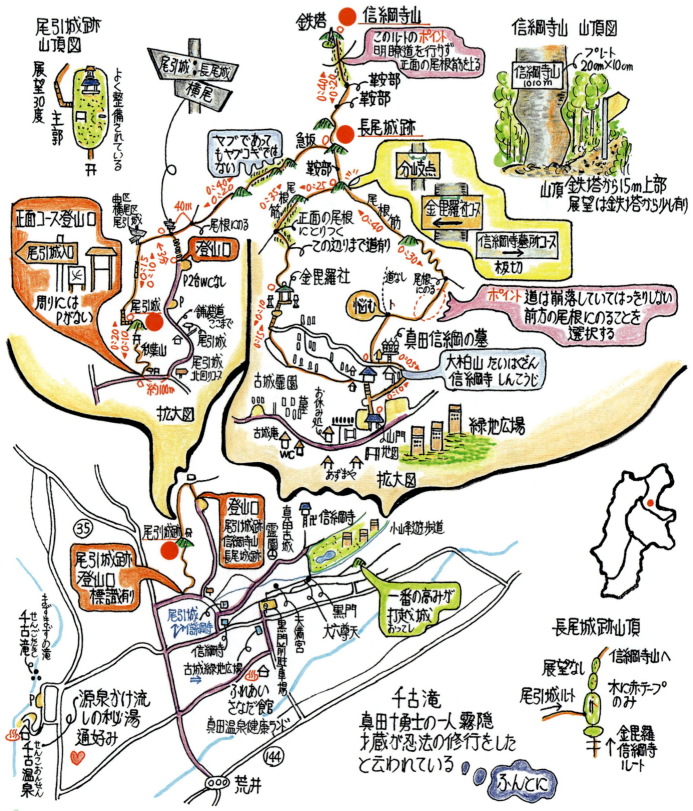

200 東太郎山 ひがしたろうやま／1301m／往復2時間15分
上田市に有る山

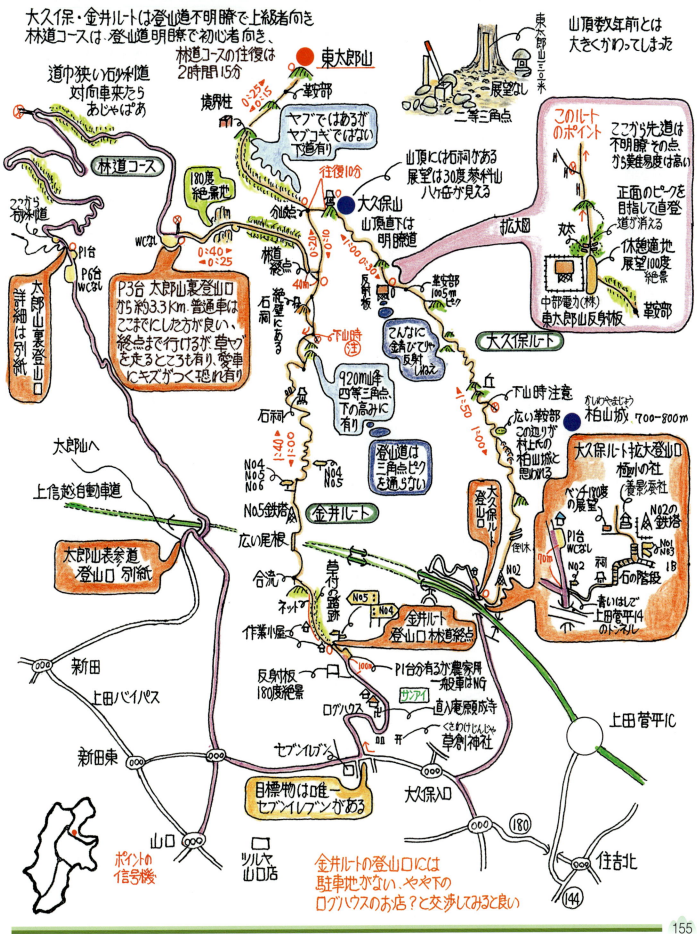

201 又五郎山　またごろうやま／1203m／往復2時間10分
上田市に有る山

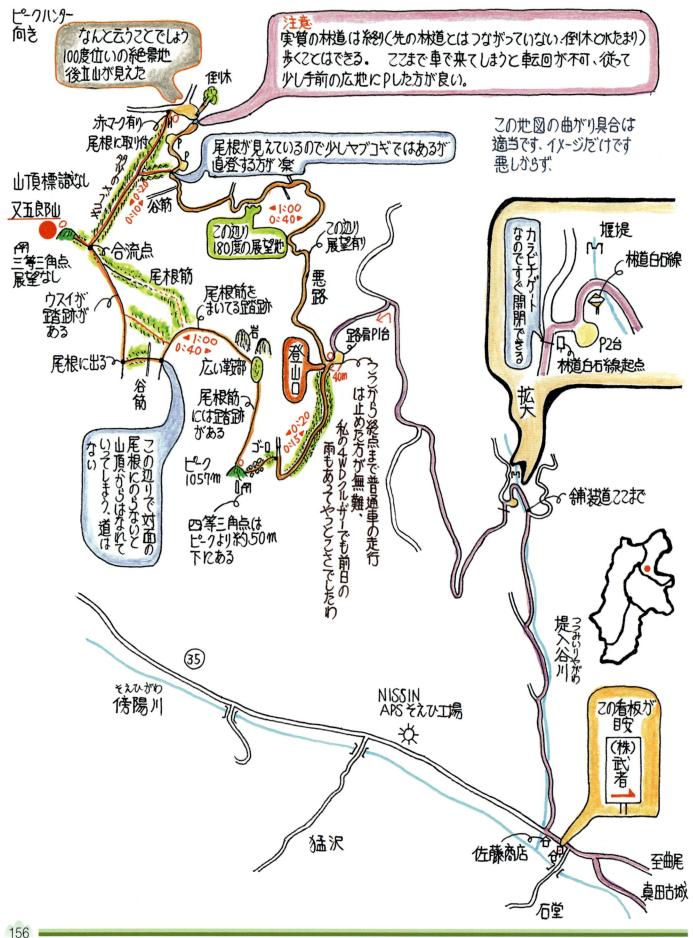

202 上田市の松尾城跡　まつおじょうせき／1034m／往復1時間
別名：松尾古城又は角間の城

203 増尾山　ますおやま／1440m／往復3時間10分

204 和熊山　わくまやま／1644m／往復5時間25分
別名：御刀御木山（ごとみきやま）

以上は、上田市に有る山

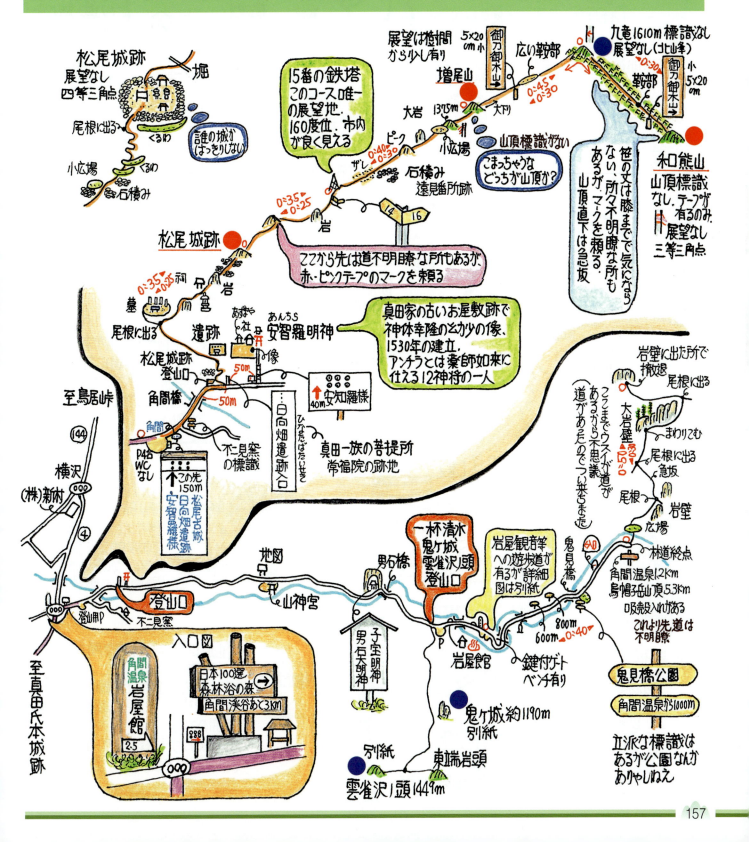

205 鬼ヶ城 おにがじょう／約1190m／往復1時間35分
206 雲雀沢ノ頭 ひばりさわのかしら／1449m／往復2時間50分
以上は、上田市に有る山

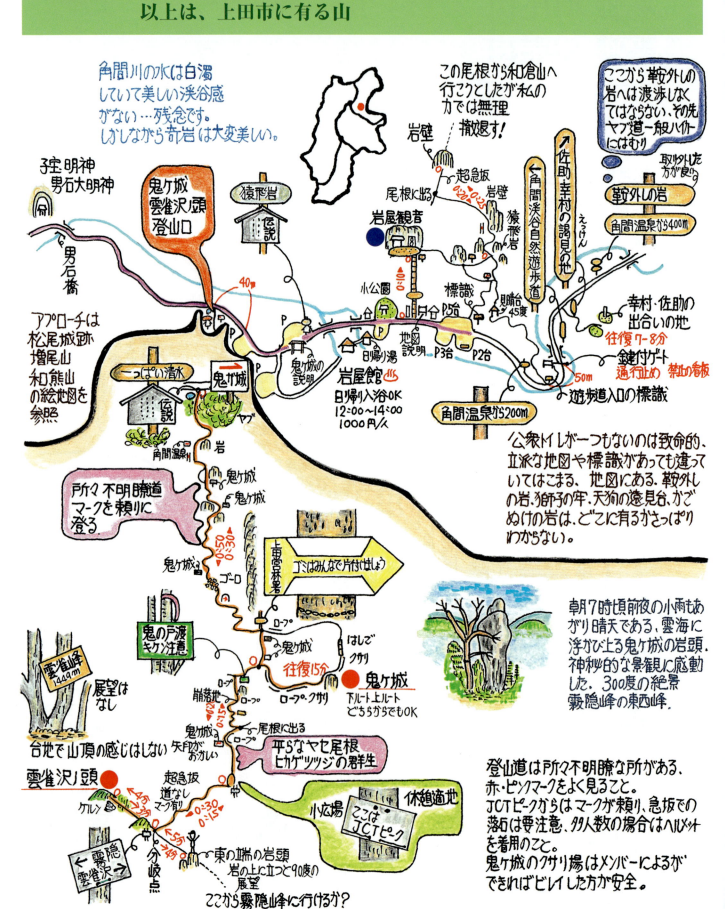

207 霧隠峰 きりがくれほう／1550m／往復4時間10分
上田市に有る山

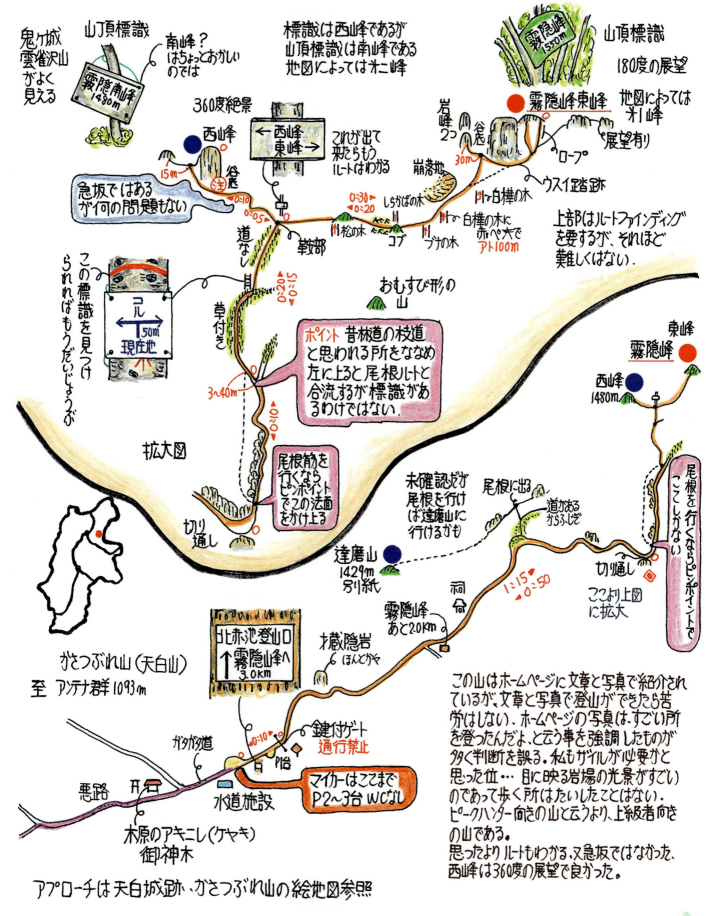

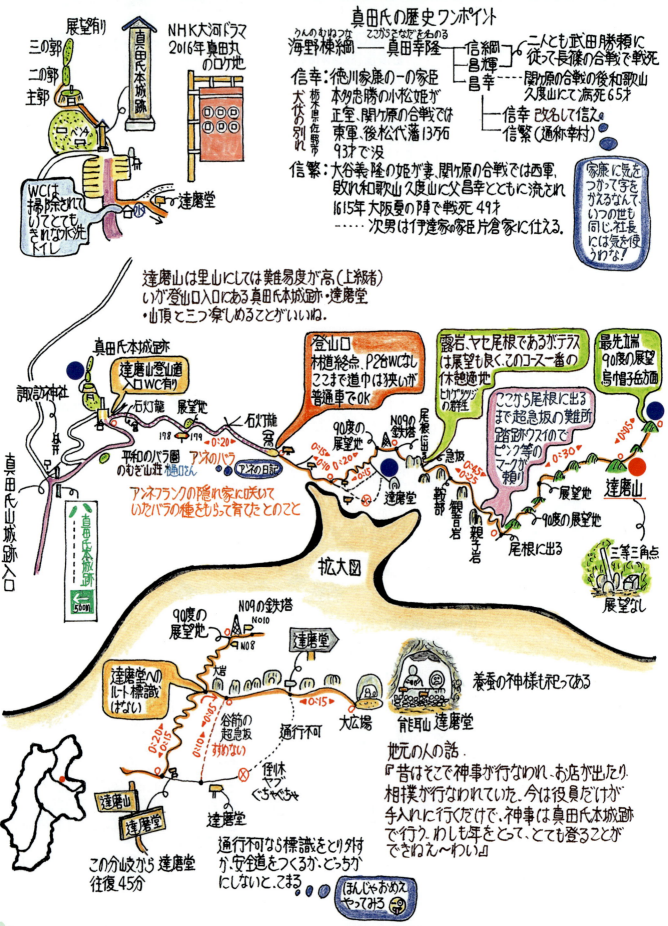

209 天白城跡　てんぱくじょうせき／960m／往復50分
210 かさつぶれ山　かさつぶれやま／1290m／往復1時間20分
別名：天白山又は赤井山
以上は、上田市に有る山

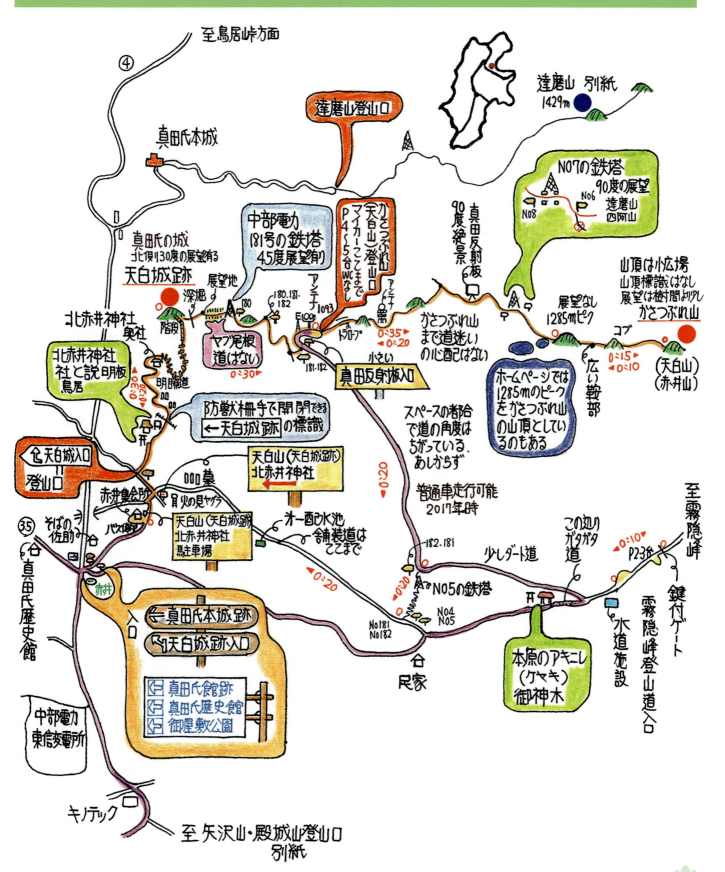

211 富士見台虚空蔵山　こくぞうさん／673m／往復15分
別名：伊勢崎城址・伊勢崎砦・虚空蔵城・お蚕山

212 矢沢城跡　やざわじょうせき／663m／往復15分
以上は、上田市に有る山

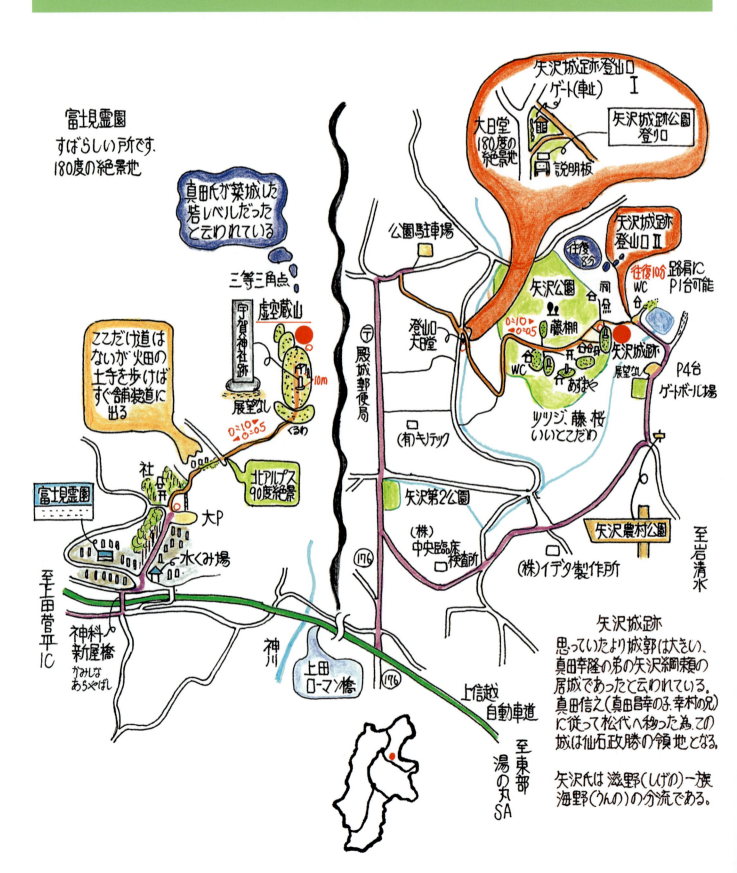

213 砥石城跡 といしじょうせき／788m／往復30分
214 米山城跡 こめやまじょうせき／734m／往復30分
以上は、上田市に有る山

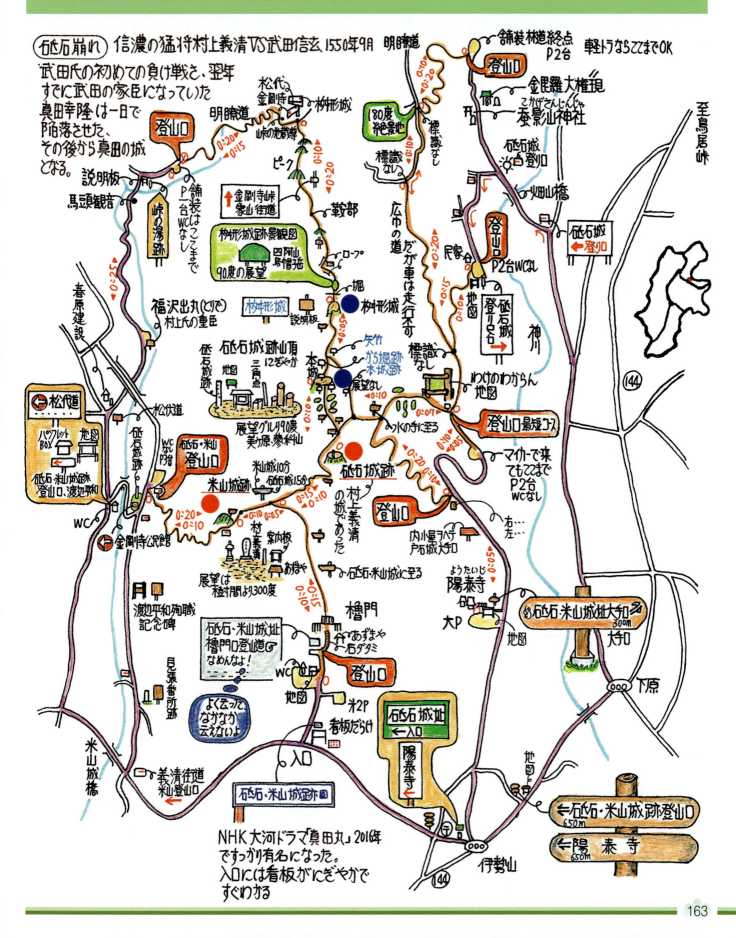

- 215 矢沢山　やざわやま／1106m／往復1時間20分
- 216 上田市の殿城山　でんじょうさん／1193m／往復2時間40分

以上は、上田市に有る山

- 217 東御市の烏帽子岳　えぼしだけ／2066m／往復7時間25分

上田市と東御市の境の山

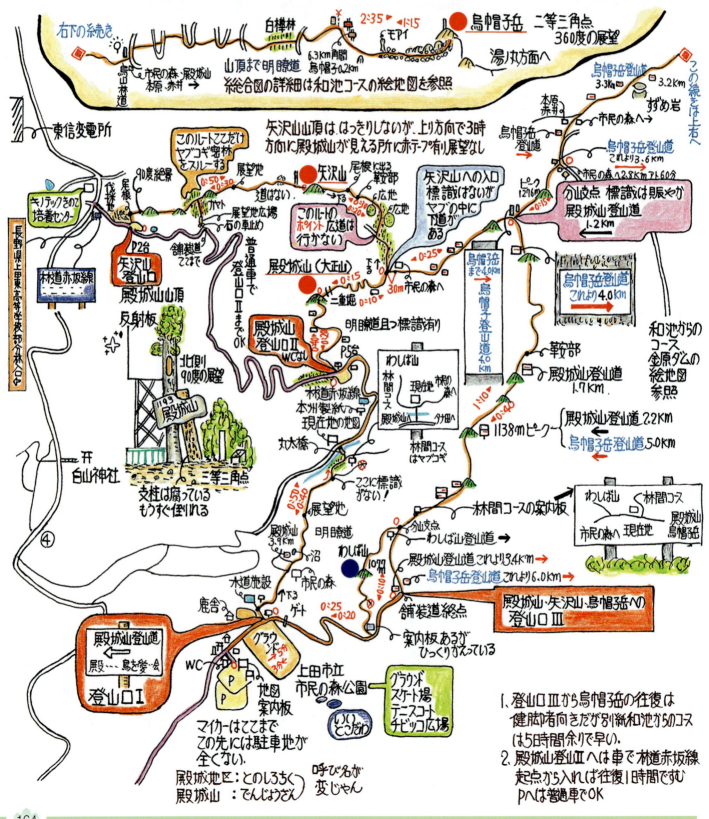

217 東御市の烏帽子岳　えぼしだけ／2066m／往復5時間5分
上田市と東御市の境の山
金原（かなばら）ダムと和（かのう）池周辺からの登山口

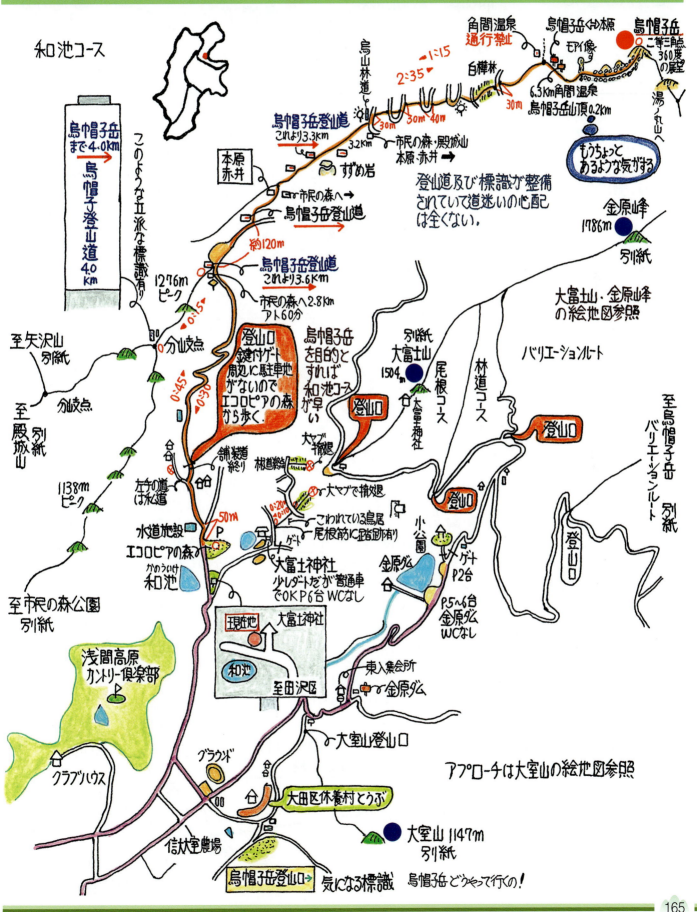

217 東御市の烏帽子岳 えぼしだけ／2066m／往復6時間25分
上田市と東御市の境の山

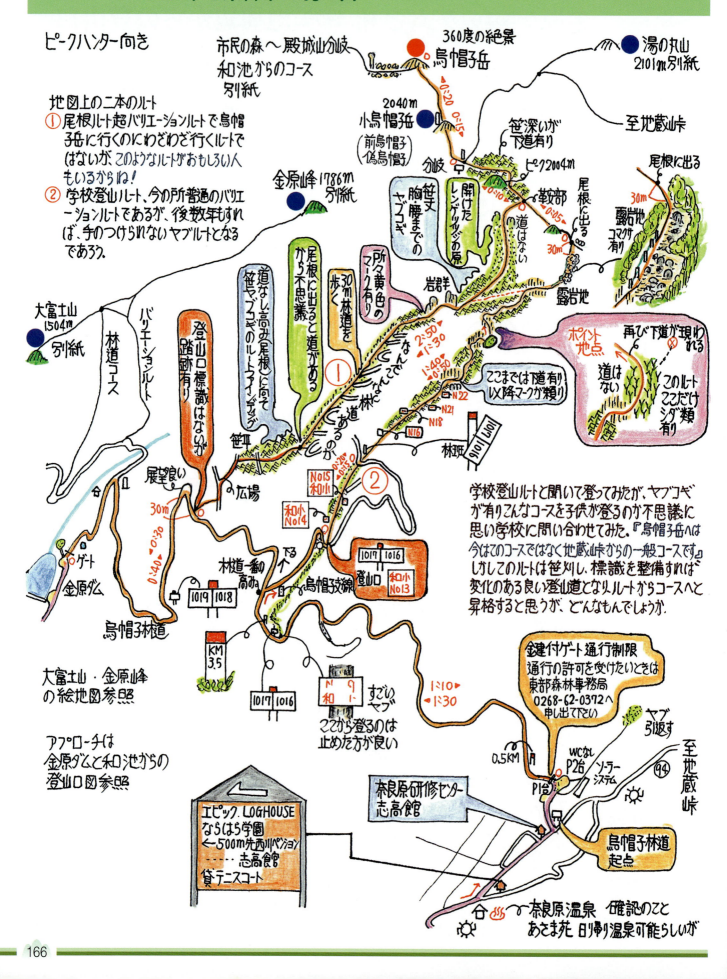

おわりに

　信州の北部の山もあと少しで登り終え、これから絵地図を完成させ、来春には『新版 信州の山 北部』を出版する予定で毎日頑張っています。
　出版にあたっては駒ヶ根市の「アウトドアショップK」の木下さん、そして指導編集をしてくれた信毎書籍出版センターの小山さんとその編集スタッフの方々に厚く御礼申し上げます。

　本の原稿作成に当たり、妻の京子は、良きアドバイザーとして助かっています。
　協力のお礼に、高知のカツオと、博多のうどんを食べに連れて行くと言って、1年が経ちます。
　すまないがもう1年待って欲しい。
　それまで二人とも健康でいなくてはね、そんな妻にお礼を言いたい。

アカバナシモツケソウ

信州の山 中部 上巻 217山 索引

あ

間ノ岳	あいのだけ	23
赤岩岳	あかいわだけ	25
赤沢山	あかざわやま	25
安坂城跡	あざかじょうせき	85
浅川山	あさかわやま	66・67
松本市の四阿屋山	あずまやさん	54
筑北村の四阿屋山	あずまやさん	90・91
四阿山	あずまやさん	54
安曽岡山	あそおかやま	112
穴沢山	あなざわやま	31
安房山	あぼうやま	14
荒神尾城跡	あらかみおじょうせき	50
有明山	ありあけやま	68
粟嶋峰	あわしまほう	87

い

青木村の飯縄山	いいずなさん	96
上田市の飯綱山	いいづなやま	137
乗鞍の硫黄岳	いおうだけ	12
池尻山	いけじりやま	11
一条ヶ峰	いちじょうがみね	49
出峰	いでみね	39
伊深城山	いぶかじょうやま	46
入山	いりやま	55・100
岩洲公園	いわすこうえん	74
筑北村の岩殿山	いわどのさん	75

う

安曇野市の上ノ山	うえのやま	51
兎峰	うさぎみね	136・137

え

烏帽子岩	えぼしいわ	43
東御市の烏帽子岳	えぼしだけ	164・165・166

お

美ヶ原高原王ヶ頭	おうがとう	(40)・41
大久保山	おおくぼやま	35
大根場	おおこんば	92
筑北村の大沢山	おおさわやま	93・94
大城	おおじょう	76
大滝山	おおたきやま	27
大喰岳	おおばみだけ	24
大林山	おおばやしやま	108・109
松本市の大洞山	おおほらさん	57・58
大松山	おおまつやま	149
千曲市の大峯山	おおみねざん	144
坂城町の大峯山	おおみねやま	140・141
夫神岳	おかみだけ	103・104
奥穂高岳	おくほたかだけ	23
奥又白池	おくまたしろいけ	20
オコウ山	おこうやま	146
押野山	おしのやま	72
御鷹山	おたかやま	99・100
お天狗様山	おてんごさまやま	73
大天井岳	おてんしょうだけ	25
鬼ヶ城	おにがじょう	158
尾引城跡	おびきじょうせき	154
麻績城山	おみじょうやま	83・84

か

角蔵山	かくぞうやま	64
かさつぶれ山	かさつぶれやま	161
松本市の風吹山	かざふきやま	4
霞沢岳	かすみざわだけ	16・17
金戸山	かなとこやま	77
かねうち	かねうち	28
上田市の雷岩	かみなりいわ	151
冠着山	かむりきやま	105・106・107
松本市の傘山	からかさやま	53・54
涸沢岳	からさわだけ	23
上田市の唐沢山	からさわやま	124
唐鳥屋城跡	からとやじょうせき	61
雷山	かんだちやま	72
観峰	かんぼう	38

き

北穂高岳	きたほたかだけ	23
独鈷山帰望峰	きぼうほう	118
京ヶ倉	きょうがくら	76
鏡台山	きょうだいさん	143・144
霧隠峰	きりがくれほう	159
金山岩	きんざんいわ	12
金松寺山	きんしょうじやま	33

く

崩口峰	くずれぐちみね	122
熊沢峠	くまざわとうげ	122

黒柏木山	くろかしゃぎやま	143

け

芥子望主山	けしぼうずやま	46
剣岩山	けんがんやま	151

こ

弘法山古墳	こうぼうやまこふん	35
弘法山	こうぼうやま	111
松本市の虚空蔵山	こくぞうさん	59・60
上田市の虚空蔵山	こくぞうさん	136
富士見台虚空蔵山	こくぞうさん	162
古城山	こじょうやま	65
小滝山	こたきやま	37
子檀嶺岳	こまゆみだけ	95・96・97
米山城跡	こめやまじょうせき	163
小山城跡	こやまじょうせき	127
五六峰	ごろくほう	6
金比良山	こんぴらさん	34

さ

サテライト山	さてらいとやま	80
寒沢	さむさわ	5

し

稲倉城跡	しなぐらじょうせき	49
渋田見山	しぶたみやま	123
霊泉寺城山	じょうやま	122
常念岳	じょうねんだけ	26
信濃城山	じょうやま	32
十観山	じゅっかんざん	98
松本市の十石山	じゅっこくやま	12・13
松本市刈谷原の城山	じょうやま	51
筑北村の城山	しろやま	86
上田市の城山	しろやま	110
信綱寺山	しんこうじさん	154
陣馬鳥越山	じんばとりごえやま	135

す

水晶山	すいしょうやま	140・141
末川尾	すえかわお	2
鈴蘭峰	すずらんほう	9
硯竜山	すずりゅうやま	92

せ

洗馬城跡	せばじょうせき	153
浅間岳	せんげんだけ	125
千古屋城跡	せんごやじょうせき	153

た

大正山	たいしょうやま	45
大道山	だいどうざん	142
青木村の大明神岳	だいみょうじんだけ	101
大明神山	だいみょうじんやま	31
上田市の高遠山	たかとうやま	145
高平山	たかひらさん	150
上田市の高ボッチ	たかぼっち	112
タカ見の広場	たかみのひろば	5
滝山	たきやま	99
竹場城跡	たけばじょうせき	86
たら原山	たららやま	78
達磨山	だるまやま	160
上田市の太郎山	たかもりやま	138・139

ち

蝶ヶ岳	ちょうがたけ	26

て

天ヶ峰	てんがみね	3
松本市の天狗岩	てんぐいわ	33
上田市の天狗岩	てんぐいわ	152
青木村の天狗山	てんぐやま	101
上田市の天狗山	てんぐやま	130
上田市の殿城山	でんじょうさん	164
天白山	てんぱくさん	133
天白城跡	てんぱくじょうせき	161
仮称天満山	てんまんやま	69

と

砥石城跡	といしじょうせき	163
上田市の東山道	とうさんどう	102
富蔵山	とくらさん	88
独鈷山	とっこさん	114・115・116・117
鳥羽山	とばやま	128
鳥屋城跡	とやじょうせき	126・127
戸谷峰	とやみね	47
鳥居山	とりやま	44
鳥ノ城物見	とりのしろものみ	56

信州の山　中部 上巻 217 山　索引

な

中入城跡	なかいりじょうせき	39
長尾城跡	ながおじょうせき	154
北アルプス中岳	なかだけ	24
中ノ小屋	なかのこや	56
長峰山	ながみねやま	71
中山	なかやま	35
鍋冠山	なべかんむりやま	27
なめし頭	なめしあたま	28
仮称鳴尾山	なるおやま	146

に

西条城址	にしじょうじょうし	88
北アルプス西岳	にしだけ	25
西穂高岳	にしほたかだけ	22
入山	にゅうやま	4

ね

| 根小屋城跡 | ねごやじょうせき | 153 |
| 根羽城跡 | ねばじょうせき | 126 |

の

| 乗鞍岳 | のりくらだけ | 1 |
| のろし山 | のろしやま | 83 |

は

松本市の袴越山	はかまごしやま	42
松本市の白山	はくさん	30
橋ノ小屋跡	はしのこやあと	55
八頭山	はっとうさん	108
坂城町の鳩ヶ峯	はとがみね	142
林城跡	はやしじょうせき	36

ひ

東条城跡	ひがしじょうじょうせき	89
東太郎山	ひがしたろうやま	155
上田市の東山	ひがしやま	131・132
光城山	ひかるじょうやま	71
聖山	ひじりやま	78・79・80
松本市の檜峠	ひのきとうげ	10
松本市の檜峠山	ひのきとうげやま	10
ひょうたん池	ひょうたんいけ	19
屏風の頭	びょうぶのあたま	23
雲雀沢ノ頭	ひばりさわのかしら	158

ふ

富士尾山	ふじおさん	70
富士嶽山	ふじたけさん	113
富士塚山	ふじつかやま	52
富士山	ふじやま	120・121
二ッ石峰	ふたついしみね	100
二見台	ふたみだい	61・62

ほ

保基谷岳	ほきやだけ	147
保倉山	ほくらやま	7・8
松本市の祠峠	ほこらとうげ	7・8
堀切山	ほりきりやま	147
本神山	ほんかみやま	33

ま

前穂高岳	まえほたかだけ	23
増尾山	ますおやま	157
ますがた	ますがた	28
又五郎山	またごろうやま	156
仮称松尾寺山	まつおじやま	69
上田市の松尾城跡	まつおじょうせき	157
丸子城跡	まるこじょうせき	129
筑北村の丸山	まるやま	94

み

三才山	みさやま	48
麻績村の三峯山	みつみねさん	81・82
南岳	みなみだけ	24
松本市の見晴峠	みはらしとうげ	9
明神岳	みょうじんだけ	23

め

| 女神岳 | めがみだけ | 119 |

も

| 物見岩 | ものみいわ | 63 |
| 樅沢岳 | もみさわだけ | 24 |

や

矢倉城跡	やぐらじょうせき	85
焼岳	やけだけ	21
矢沢城跡	やざわじょうせき	162
矢沢山	やざわやま	164